WOLF-ULRICH KLÜNKER

ALANUS AB INSULIS

WOLF-ULRICH KLÜNKER

ALANUS AB INSULIS

*Entwicklung des Geistes
als Michael-Prinzip*

*Mit einer Übersetzung der
Michael-Predigt des Alanus*

EDITION HARDENBERG
VERLAG FREIES GEISTESLEBEN

BEITRÄGE ZUR BEWUSSTSEINSGESCHICHTE
HERAUSGEGEBEN FÜR DAS
FRIEDRICH-VON-HARDENBERG-INSTITUT
VON KARL-MARTIN DIETZ

BAND 13

Die Deutsche Bibliothek – CIP-Einheitsaufnahme

Klünker, Wolf-Ulrich:
Alanus ab Insulis: Entwicklung des Geistes als Michael-Prinzip /
Wolf-Ulrich Klünker. Mit einer Übersetzung
der Michael-Predigt des Alanus. –
Stuttgart: Ed. Hardenberg im Verlag Freies Geistesleben, 1993
(Beiträge zur Bewußtseinsgeschichte; Bd. 13)

ISBN 3-7725-1159-7

NE: GT

Schutzumschlag: Walter Schneider / Uta Böttcher.
Das Motiv zeigt die Dialektik mit Drachen und Lilienzepter
aus dem rechten Tympanon des Königportals von Chartres.

Fronispiz: Miniatur aus dem Jahre 1418.
(Universitätsbibliothek Eichstätt, Cod. st 213 fol. 3 v).
Oben: Alanus ab Insulis und Thomas von Aquin,
in der Mitte die Theologie, beide belehrend.
Unten: Von den sieben freien Künsten die Grammatik,
Logik und Rhetorik sowie zwei Schüler.

© 1993 Verlag Freies Geistesleben GmbH, Stuttgart
Druck: Gutmann, Heilbronn

INHALT

Einführung   7

    «Der Glaube wird überflüssig»   7
    Die geisteswissenschaftliche Fragestellung   8
    Der Übergang vom 12. ins 13. Jahrhundert   10
    Aufgabe für Gegenwart und Zukunft   12

I. AUSBILDUNG VON GEISTSELBST   15

    Engelgeist – Menschengeist   17
    Die Burg Christi   20
    «Erkenne dich selbst»   24
    Der Schutzengel   28
    Nachtodliches Leben   33
    Verwandlung   41

II. DIE MICHAEL-PREDIGT   47

    Alanus ab Insulis: Sermo in die sancti Michaelis /
    Michael-Predigt (lateinisch / deutsch)   48

    Michael und die geistige Schulung des Menschen –
    eine Auslegung der Michael-Predigt   56

       Zum Aufbau der Predigt   57
       Das Michael-Motiv   60
       Die Hierarchienanschauung des Alanus   62
       Die geistigen Stufen   64
       Bild und Kraft   68

III. MICHAEL-ZUKUNFT 75

    Michael und die Geister der Form 77
    Michael und der Schutzengel 79
    Michael und geistige Individualität 84
    Erkenntnis und Bewegung 88
    Erkenntnis und Zukunft 91
    Freiheit und Leben 94
    Übergang in den Bereich der Elemente 96

Ausblick: Platonismus, Aristotelismus und die
Aufgaben der Anthroposophie   100

    Alanus und Thomas von Aquin 101
    Erkenntnis und Moral 103

Anmerkungen   106

EINFÜHRUNG

«Der Glaube wird überflüssig»

Ein wichtiges theologisches Werk des Alanus ab Insulis ist unter dem Titel «Quoniam homines» überliefert; es gibt bisher keine deutsche Übersetzung dieser Schrift. «Quoniam homines» («da nun die Menschen») sind die beiden lateinischen Wörter, mit denen die Schrift beginnt. In ihr entwirft Alanus (am Ende des 12. Jahrhunderts!) eine Zukunftsperspektive, die noch heute tief beeindruckt und damals fast unvorstellbare Wirkung ausgeübt haben muß: «Es ist überliefert, daß der Glaube in Zukunft überflüssig sein und seine Nachfolge die Wissenschaft sein wird, also die sichere Erkenntnis. So wird das Verständnis ein anderes sein als das heutige rätselhafte ...»[1]

Alanus hat hier eine Zukunft vor Augen, in der Wissenschaft und sichere Erkenntnis den Glauben ablösen – dann wird der Glaube «überflüssig» sein. Das lateinische Verb lautet an dieser Stelle «evacuare»: der Glaube wird leer, d. h. sinnentleert sein; an seine Stelle muß etwas anderes treten, eine neue Verständnisart, die eben als sichere Erkenntnis charakterisiert werden kann. Aus Glaube wird Wissenschaft, die überlieferte christliche Spiritualität wird also durch Erkenntnis ersetzt. Die christliche Grundhaltung, die bislang durch gläubige Aufnahme und Weitergabe alter Überlieferung bestimmt war, soll nun in das Element der

Gedankenklarheit übergehen. Die neue menschliche Grundhaltung ist dann nicht mehr an feststehende Traditionen gebunden, sondern sie wird als eigenverantwortliche Erkenntnis gleichsam voraussetzungslos und der Beurteilungsfähigkeit des erkennenden Menschen anheimgestellt. – Man kann sich die spannende Frage stellen, wann diese Zukunft erreicht sein wird und in welchem Verhältnis sie zur heutigen Gegenwart steht. Dabei kann man davon ausgehen, daß eine solche Zukunft nicht unvermittelt eingelöst sein wird, sondern sich in einem längeren Zeitraum der menschlichen Geistesgeschichte *entwickelt.*

Die geisteswissenschaftliche Fragestellung

Es sind nur sehr wenige biographische Daten aus dem Leben des Alanus bekannt. Vielleicht wurde er um 1115 geboren; der Namenszusatz ab Insulis wird üblicherweise auf die Stadt Lille (lateinisch Insula) bezogen, es könnten aber auch die «Inseln» England bzw. Irland gemeint sein. Es gibt Hinweise auf Aufenthalte des Alanus in Montpellier und in Paris. Alanus gehörte dem Zisterzienserorden an; er starb 1203 in Citeaux. Seine Zugehörigkeit zur Schule von Chartres (zunächst als Schüler, später als Lehrer) ist nicht urkundlich dokumentiert, sie ergibt sich jedoch aus dem Geist seines Werkes. Leben und Werk des Alanus sollen in dem vorliegenden Buch nicht ausführlich behandelt werden; dazu liegen andere Zusammenstellungen vor.[2] Im Mittelpunkt soll vielmehr die geisteswissenschaftliche Bedeutung des Alanus stehen – insbesondere die Erscheinung des Michael-Prinzips in seinem Denken.

Im Jahre 1924 hat Rudolf Steiner in verschiedenen

Städten Vorträge zu dem Thema «Esoterische Betrachtungen karmischer Zusammenhänge» gehalten, den letzten Vortrag am 23. September 1924 in Dornach. Am Ende dieses Vortrags faßt Rudolf Steiner die Intention seiner Ausführungen über Reinkarnation und Karma in einer Frage zusammen: «Wie bringen wir Spiritualität in das Leben der Gegenwart hinein?»[3] In dem Vortrag zeichnet sich der Weg ab, auf dem Spiritualität durch Anthroposophie in die Gegenwart gebracht werden kann: Rudolf Steiner hat seine Darstellungen bis an die Grenze der Berührung von Aristotelismus und Platonismus geführt. Gerade der genannte Vortrag macht deutlich, wie Intellektualität und Spiritualität durch die Zusammenführung beider geistesgeschichtlichen Strömungen in der Gegenwart vereinigt werden können. Die Vereinigung von gedanklicher Erkenntnis und dem Erleben der geistigen Welt erscheint als das entscheidende Kennzeichen des gegenwärtigen Michael-Zeitalters. In ihm können – zum ersten Mal in der menschlichen Geistesgeschichte – selbstverantwortliche Gedankenführung des Menschen und seine Wahrnehmungsfähigkeit für geistige Wirklichkeit zusammenkommen.

Rudolf Steiner hat die Entwicklungswege von Aristotelismus und Platonismus in den sogenannten «Karma-Vorträgen» des Jahres 1924 ausführlich dargestellt. Auch an anderen Stellen des Vortragswerkes erscheinen Berührungspunkte beider Strömungen, beispielsweise in der Vortragsreihe «Die Weltgeschichte in anthroposophischer Beleuchtung», die Rudolf Steiner während der Gründungsversammlung der Allgemeinen Anthroposophischen Gesellschaft gehalten hat (24. Dezember 1923 bis 1. Januar 1924). Die Beziehungen beider Strömungen werden durch die verschiedenen Epochen der Menschheitsgeschichte hindurchgeführt. Dabei erscheint Alanus ab Insulis als der entscheidende Repräsentant des Platonismus im Mittelalter – aber seine Bedeutung wird nicht nur für diese Epoche, sondern für die gesamte Geistesgeschichte spürbar. Sie zeigt sich insbesondere in dem Stellenwert, den Alanus im Gesamtzusammenhang der sogenannten «Karma-Vorträge» erhält. Außerdem wird im Kontext dieser Vorträge deutlich, daß Thomas von Aquin (1225 – 1274) als entscheidender Vertreter des christlichen Aristotelismus gelten kann.[4]

Der Übergang vom 12. ins 13. Jahrhundert

Rudolf Steiner beschreibt das Verhältnis von Alanus und Thomas auch vor dem Hintergrund der geistesgeschichtlichen Beziehung der Schule von Chartres und des Dominikaner-Ordens. In dem Jahrhundert nach Alanus wurde der christliche Platonismus der Schule von Chartres, der Alanus angehörte, durch den Aristotelismus der Dominikaner abgelöst. Der entscheidende Repräsentant der aristotelischen Geisteshaltung im Dominikaner-Orden war Thomas von Aquin. So vollzog sich im Übergang vom 12. in die 70er Jahre des 13. Jahrhunderts eine wichtige geistesgeschichtliche Entwicklung: die früher kosmische Intelligenz, die platonische Ideenwelt, konnte nun im menschlichen Gedanken, in der gedankenklaren aristotelischen Erkenntnishaltung, irdisch werden. Nach diesem Übergang sollte der Aristotelismus für Jahrhunderte auf der Erde vorherrschen.

In dieser geistesgeschichtlichen Perspektive erschließt sich die oben wiedergegebene Aussage des Alanus neu: Alanus entwirft eine Zukunft, in der aus Glaube Wissenschaft wird, in der also die alte christliche Spiritualität durch eine wissenschaftliche Erkenntnishaltung abgelöst wird. Die ältere Spiritualität wird in das Element des Gedankens oder der menschlichen Intellektualität übergehen. Diesen Ausblick formuliert Alanus am Ende des 12. Jahrhunderts: in einer geistesgeschichtlichen Situation, die Rudolf Steiner als den Übergang vom christlichen Platonismus der Schule von Chartres zu dem Aristotelismus der Dominikaner schildert. Demnach blickt Alanus mit seiner Aussage über die Verwissenschaftlichung des Glaubens auf eine Zukunft hin, die tatsächlich in der geistesgeschichtlichen Entwicklung durch das Wirken der Dominikaner in dem Jahrhundert nach Alanus begann.

Im Anschluß an seine Aussage zur Ablösung des Glaubens durch Wissenschaft bestimmt Alanus die Wissenschaft der Zukunft genauer: «Wissenschaft (scientia) ist die Wahrnehmung der Wahrheit der Dinge mit innerer Zustimmung und Erkenntnis der Ursachen.»[5] Damit ist die Veränderung der menschlichen Erkenntnisfähigkeit, die Alanus vor Augen hat, genauer beschrieben. Der Begriff der «Wissenschaft» umfaßt mehr, als heute darunter verstanden wird. So beinhaltet er auch die «innere Zustimmung» des erkennenden Menschen und dessen Einsicht in die «Ursachen» des erkannten Wirklichkeitsbereiches. Mit dieser Aussage schließt Alanus, der Platoniker, unmittelbar an Aristoteles an. Die innere Verbindung des Menschen mit der Erkenntnis bzw. mit dem Erkenntnisgegenstand ist entscheidend; durch sie fallen Erkenntnissubjekt und Erkenntnisobjekt nicht mehr auseinander. Daneben weist die Nennung der «Ursachen» darauf hin, daß der Erkenntnisgegenstand nicht einfach so genommen wird, wie er ist, sondern von seinem Herkommen her, also in seiner Entwicklung begriffen werden soll. – Es liegt auf der Hand, daß die Wissenschaftlichkeit, die heute nach über

700jähriger Entwicklung des Aristotelismus den alten mittelalterlichen Glauben abgelöst hat, dieser Zukunftsvorstellung des Alanus von einer Wissenschaft als «sicherer Erkenntnis» nicht entspricht.

Aufgabe für Gegenwart und Zukunft

Der Blick auf die geistesgeschichtliche Entwicklung durch die Jahrhunderte bis in die Gegenwart läßt die Frage Rudolf Steiners in einem neuen Licht erscheinen: «Wie bringen wir Spiritualität in das Leben der Gegenwart hinein?»[6] Man kann sie jetzt nämlich der Aussage des Alanus, die alte Spiritualität werde durch Wissenschaft abgelöst, direkt gegenüberstellen. Dann wird deutlich, daß die geistesgeschichtliche Situation der Gegenwart eine Art Spiegelung des Übergangs vom 12. ins 13. Jahrhundert bzw. vom Platonismus der Schule von Chartres zum Aristotelismus der Dominikaner darstellt. Alanus blickte auf eine *Verwissenschaftlichung der Spiritualität*, die mit dem aristotelischem Denken seit der Mitte des 13. Jahrhunderts allmählich begann; über 700 Jahre später, nachdem durch den Aristotelismus ein wissenschaftliches Bewußtsein wirklich entstanden war, spricht Rudolf Steiner von einer notwendigen *Spiritualisierung der Wissenschaft* durch Anthroposophie.[7] In der 700-jährigen Entwicklung zwischen beiden Aussagen ist eine Wissenschaft ohne jegliche Spiritualität entstanden; der Glaube wirkt innerhalb des wissenschaftlichen Weltbildes der Neuzeit nur noch wie ein Relikt: eine solche Form von «Wissenschaft» hatte Alanus sicherlich nicht gemeint. Alanus wollte eine *Wissenschaft als Weiterentwicklung der Spiritualität*. Die Probleme und Folgewirkungen einer Wissenschaft, die alle spirituellen Elemente allmählich aus sich ausschloß, sind heute allgemein bekannt.

Worin besteht aber die Spiritualität von Wissenschaft? Alanus hat an der wiedergegebenen Stelle auf ihre Voraussetzungen hingewiesen: auf die innere Verbindung des erkennenden Menschen mit der Erkenntnis und dem Erkenntnisgegenstand und auf die Notwendigkeit der Ursachenerkenntnis, also der Frage nach dem Woher. Beide Elemente waren in dem ursprünglichen christlich-aristotelischen Denken beispielsweise des Thomas von Aquin noch gegeben. Heute, nach 700 Jahren, kann das spirituelle Element wieder in die Wissenschaft hineingenommen werden, der Geist wieder in die Intellektualität einziehen. Diese Möglichkeit beschreibt Rudolf Steiner als die Wirklichkeit des Michael-Zeitalters und als Erkenntnisaufgabe am Ende des 20. Jahrhunderts. Die Isolierung des erkennenden Menschen von seinem Erkenntnisgegenstand und auch von der inneren Wirklichkeit der Erkenntnis kann heute aufgehoben werden; und dabei ist wirkliche Ursachenerkenntnis möglich.

Diese Entwicklungslinie meint Rudolf Steiner, wenn er von einer Spiritualisierung des gegenwärtigen Denkens spricht. In derselben Richtung ist auch zu verstehen, was gemeint ist, wenn Rudolf Steiner im Jahre 1910 auf eine «spirituelle Chemie» und eine «spirituelle Physik» der Zukunft hinweist.[8] Eine solche Aufgabenstellung weist auf die Notwendigkeit, platonisches und aristotelisches Erbe der Geistesgeschichte in der menschlichen Erkenntnis zusammenzuführen. Für Alanus war die Ausbildung der menschlichen Intellektualität als Wissenschaft noch Zukunft; heute, nachdem sich diese Intellektualität – wenn auch in einseitiger Weise – geistesgeschichtlich ausbilden konnte, kann an Alanus die Frage gestellt werden, wie sich das Denken spiritualisieren kann. Die vorliegende Schrift soll einige Aspekte der Vereinigung von Spiritualität und wissenschaftlicher Erkenntnishaltung aus dem Werk des Alanus zusammentragen; im Mittelpunkt steht dabei eine Predigt, die die geschilderte Aufgabe als michaelisch zu erkennen gibt.

I.

AUSBILDUNG VON GEISTSELBST

Engelgeist – Menschengeist

Alanus ab Insulis hat eine kleine Schrift hinterlassen, die als «Hierarchia Alani» (Hierarchienlehre des Alanus) bezeichnet wird; sie ist ebenso wie das theologische Hauptwerk des Alanus, die erwähnte Schrift «Quoniam homines», noch nicht ins Deutsche übersetzt. In der «Hierarchia Alani» spricht Alanus davon, daß «die Engel vollkommener denken als die Menschen; daher wird ihre Erkenntnis als Gotteserscheinung (theophania) bezeichnet».[9] Kurz darauf beschreibt Alanus, wie der Mensch durch die Erkenntnis der geschaffenen Welt zu einer gewissen Erkenntnis Gottes gelangen kann – allerdings zunächst nur zu einer vorläufigen und rätselhaften Gotteserkenntnis. «Wenn wir nämlich ... die Schönheit der [geschaffenen] Dinge, ihre Größe und ihre Ordnung sehen, dann begreifen wir Gott nicht vollkommen, sondern halbvollkommen (semiplene).»[10] Dann folgen die beiden entscheidenden Sätze: «Jedoch wird, was in der [menschlichen] Erkenntnisweise unvollkommen ist, in der Zukunft vervollkommnet werden. Im Engel aber ist die Erkenntnis Gottes bereits vollkommen ausgebildet.»[11]

Mit diesen Aussagen möchte Alanus folgendes zum Ausdruck bringen: In der Gegenwart haben die Engel eine vollkommenere (Gottes-)Erkenntnis als die Menschen; diese sind auch in ihrer Gotteserkenntnis darauf angewiesen, von den Erkenntnisbedingungen der geschaffenen (irdischen) Welt auszugehen. Aber in Zukunft kann sich die Verständnis- und Denkweise der Menschen vervollkommnen und dieselbe Höhe erreichen, wie sie die Erkenntnisweise der Engel bereits in der Gegenwart besitzt. Alanus sagt hier also dem Menschen im Hinblick auf seine Geistesentwicklung eine engelgleiche Zukunft voraus, ohne diese Zukunft zeitlich genauer festzulegen. Der Mensch kann dem Engel in der Erkenntnis gleich werden, und es wird auch deutlich, auf welchem Erkenntnisgebiet sich diese menschliche Geistesentwicklung vollziehen kann. Alanus spricht nämlich ausdrücklich von einer Erkenntnis der geschaffenen Welt, also von der Naturerkenntnis oder Naturwissenschaft. Gott kann durch das Geschaffene in der Welt, also durch die Natur, erkannt werden. Davon ist eine zweite Art der Gotteserkenntnis zu unterscheiden: diejenige durch die Heilige Schrift.

Es ist sehr auffällig, daß Alanus ausdrücklich an die Naturerkenntnis anknüpft, um die geistige Entwicklung des Menschen zum Engel hin anzudeuten. Hier zeigt sich ansatzweise, welche Zukunft Alanus im Auge hat, wenn er davon spricht, daß der Glaube in Zukunft überflüssig oder leer sein und von der Wissenschaft abgelöst werden wird (vgl. die Einführung, S. 7f.). Die Wissenschaft oder «sichere Erkenntnis», die Alanus an dieser Stelle voraussagt, besteht darin, daß der Mensch, ausgehend von der Naturerkenntnis, dieselbe Erkenntnishöhe wie der Engel erreicht.

Diesen Erkenntnisweg charakterisiert Alanus als «theophania», also als Gotteserscheinung. Theophania meint die Erkenntnisweise der Engel, aber dieser Begriff bezeichnet auch die menschliche Erkenntnis der geschaffenen Welt, die den Menschen zu einem Naturverständnis und von dort aus zur Gotteserkenntnis führt: zunächst zu einer «halbvollkommenen» Gotteserkenntnis, schließlich zu einer vollkommenen, wenn der Mensch den Engeln geistig gleich sein wird. Bereits in dem Wort «halbvollkommen» (semiplene) klingt an, daß die menschliche Erkenntnisweise vervollkommnet werden kann – andernfalls hätte Alanus nicht von der Halbvollkommenheit, sondern etwa von der Begrenztheit dieser Erkenntnisart gesprochen.

Alanus unterscheidet nun in demselben Zusammenhang die «theophania» von der «philosophia»: «Es besteht also deutlich ein Unterschied zwischen der Philosophie (philosophia) und der Gotteserscheinung (theophania); sie unterscheiden sich darin, daß die Naturphilosophie beim Geist [oder bei der Erkenntnis: intellectus] beginnt und zur Erfahrung des Dinges aus dem Sinn herabsteigt. Die Naturphilosophie nimmt nämlich geistig wahr, daß beispielsweise der Pfeffer seiner Natur nach heiß ist, und hinterher macht sie auch die [entsprechende] Erfahrung in der Sinneswahrnehmung. Die Gotteserscheinung (theophania) beginnt dagegen mit der Sinneswahrnehmung und richtet sich auf ein geistiges Verstehen (intellectus).»[12]

Mit den Begriffen «philosophia» und «theophania» werden zwei Erkenntnisarten unterschieden: die «philosophia» setzt mit der rein geistig-begrifflichen Erkenntnis ein und geht dann zur sinnlichen Erfahrung des Erkannten über. Alanus beschreibt damit das Verfahren der Naturphilosophie als einer Naturerkenntnis, deren Verfahren der heutigen Naturwissenschaft genau entgegengesetzt ist. Denn die moderne Naturwissenschaft gelangt von der Sinneserfahrung zu bestimmten (geistigen) Begriffen. Dieser «philosophia» steht im Sinne des Alanus die «theophania» gegenüber, und diese hat – formal betrachtet – mit der heutigen Naturerkenntnis die Verfahrungsweise gemeinsam: sie beginnt mit der sinnlichen Wahrnehmung der natürlichen bzw. geschaffenen Welt und gelangt von dort aus zu einer begrifflich-geistigen Erkenntnis.

Auffällig ist hier, daß Alanus die an die Sinneserfahrung gebundene Erkenntnis der geschaffenen Welt oder der Natur als den Zukunftsweg des Menschen zur Gotteserkenntnis beschreibt – er ist nicht etwa der Ansicht, daß eine Geisterkenntnis, die sich später Bestätigungen in der Sinneswahrnehmung sucht, zur Gotteserkenntnis führen würde. Und die «naturwissenschaftliche» Gotteserkenntnis bezeichnet auch dasjenige Erkenntnisgebiet, auf dem der Mensch «in der Zukunft» dem Engel gleich werden kann. Alanus beschreibt hier demnach eine zukünftige Naturwissenschaft als Grundlage der Geist- oder Gotteserkenntnis. Damit verweist er aber in einer fast prophetischen Weise die neuzeitliche Naturwissenschaft auf ein Gebiet jenseits ihrer heute selbst gesetzten Grenzen.

Die Burg Christi

So stellt sich die Frage, wie der Erkenntnisweg des Menschen in den geistigen Bereich des Engels hinein aussieht. Dieser Weg kann anthroposophisch als Ausbildung von Geistselbst bezeichnet werden: der Geist des Engelbereiches wird in dem einzelnen Menschen individuell, wenn der Mensch sich zu der Erkenntnishöhe hinentwickelt, die früher allein dem Engel zugesprochen werden konnte. Der Weg, den Alanus andeutet, kann geisteswissenschaftlich als Entwicklung von geistiger Individualität beschrieben werden. Im Werk des Alanus erscheinen in geistesgeschichtlich vorwegnehmender Weise verschiedene Stufen der Entwicklung geistiger Individualität. Darin wird der Weg zur Ausbildung von Geistselbst anschaulich.

Beispielsweise heißt es in der sogenannten Palmsonntag-Predigt des Alanus: «[Gott] hat die Heerscharen der Engel auf die Erde geschickt, damit sie ihm eine Burg vorbereiteten ...»[13] Von Gott werden demnach Engel auf die Erde geschickt, um eine Festung aufzubauen, und zwar zunächst in der Jungfrau Maria. «Bereitet ist also dem Sohn Gottes eine Burg in der glorreichen Jungfrau, und [Gott] hat sie befestigt mit dem Bollwerk vielfältiger Kräfte.»[14] Indem Maria bestimmte Kräfte erhält, wird Christus eine gut befestigte und wehrhafte Wohnstätte geschaffen. Kurz darauf beschreibt Alanus dasselbe Geschehen als Christi eigene Tätigkeit: «Es hat also der Sohn Gottes den Engeln befohlen, sich zur glorreichen Jungfrau zu begeben, sie zu läutern und mit Kräften zu festigen.»[15]

Es wird auch deutlich, aus welchen Elementen diese Burg besteht; es sind folgende Kräfte, mit denen die Engel Maria ausstatten: «In dieser Burg war der Wall die Demut, die Mauer Beständigkeit des Geistes, der Turm Tapferkeit, die Bollwerke Geistesstärke. In diesem Turm sind die Verteidiger gute Gedanken. In die so befestigte Burg trat der Sohn Gottes ein, um gegen den Teufel zu kämpfen.»[16] Die Engel bewirken in dem Menschen Maria Demut, Beständigkeit des Geistes, Tapferkeit und Geistesstärke (mentis firmitudo). Durch diese Gaben der Engel ist Maria in der Lage, sich gegen den Teufel zu verteidigen: mit guten Gedanken (bone cogitationes). Demnach erhält Maria Engelkräfte, die ihr das Denken guter Gedanken ermöglichen – und diese Gedanken können den Kampf mit dem Teufel aufnehmen! Mit anderen Worten: die genannten Kräfte der Engel bewirken im Menschen Maria die Gedankenfähigkeit.

Im weiteren Verlauf der Predigt zeigt sich, daß die Engelkräfte nach dem Kommen Christi auch auf alle anderen Menschen übergehen können. Dadurch wird jeder Mensch zu einer Burg Christi, zu einer gegen den Teufel befestigten Wohnstätte von Gottes Sohn. Schließlich weist Alanus am Ende der Predigt auch darauf hin, was er als «Teufel» (diabolus) in seiner Wirkung auf den Menschen versteht: einen Angriff auf den menschlichen Geist als der Wohnstätte Christi.

Man kann den überaus schönen Gedankenbildern der Palmsonntag-Predigt zwei wichtige Einsichten entnehmen: Erstens wird deutlich, daß die Engel jetzt auf der Erde wirken, und zwar in den Seelenkräften des Menschen. Das Wirken der Engel besteht aber gerade nicht darin, auf den menschlichen Geist beispielsweise durch Inspiration Einfluß zu nehmen. Sondern sie sind in der Weise tätig, daß der Mensch Seelenkräfte ausbilden und damit geistig eigenständig werden kann. Die Beziehung zwischen Mensch und Engel wird so betrachtet, daß sich der Mensch die Fähigkeiten des Engels als eigene Seelenkräfte erobern kann: Demut, Geistesbeständigkeit, Tapferkeit, Geistesstärke. Auf diese Weise erhält der Mensch die Möglichkeit, «gute» oder richtige Gedanken zu bilden – eine Fähigkeit, die entsteht, wenn die Geisteskraft des Engels jetzt im Menschen als Seelenkraft wirken kann.

Zweitens zeigt sich in der Palmsonntag-Predigt, daß Christus im Menschen eine Wohnstätte geschaffen wird, wenn der Mensch eine geistige Eigenständigkeit entwickelt, die sich in der Gedankenbildung darstellt. Der Mensch wird zur befestigten Burg Christi, indem er die Kräfte des Engelheeres in sich selbst zu Seelenkräften umbildet. Christus kann dort auf der Erde wohnen, wo der Mensch die Geisteskräfte von den Engeln übernimmt und in sich verwandelt; dies war zunächst in Maria möglich.

Um die Voraussetzungen für den Einzug Christi zu schaffen, muß der Mensch zweierlei vermeiden: den Hochmut und einen falschen Umgang mit der Sinneswahrnehmung. Mit diesen wichtigen Hinweisen spricht Alanus am Ende der Predigt seine Zuhörer direkt an: «So soll ein jeder von uns, geliebte Brüder, sich selbst als Burg Gottes befestigen, damit [Christus] in ihm eine würdige Wohnstätte finde, durch die der teuflische Ansturm von Einflüsterungen abgewehrt wird. Ein jeder vermeide, womit der Teufel gewöhnlich die Burg des Geistes bestürmt, das Wurfgeschoß des Hochmuts, das bis zu den Himmeln aufsteigt und Luzifer verwundete. Ein jeder vermeide, daß durch die Fenster der Sinne die Pfeile der Dämonen hereinkommen ...»[17]

Hier weist Alanus ausdrücklich darauf hin, daß jeder Mensch an die Stelle Marias treten und sich zur Burg Christi befestigen kann. Dadurch wird die «Einflüsterung» (suggestio) des Teufels vermieden: offenbar wirkt der Teufel im Menschen durch falsche Gedanken. Um auf die Gedankenbildung des Menschen Einfluß nehmen zu können, verwendet der Teufel eine Waffe, die ihm Zugang zum Menschen verschafft, den Hochmut. Dieses «Wurfgeschoß» ist bis in die Himmel hinaufgestiegen und hat dort Luzifer getroffen und zu Fall gebracht, indem dieser durch Hochmut Gottgleichheit anstrebte. Während der Teufel in der Gedankenbildung wirkt, nehmen die Dämonen durch die Sinneswahrnehmung Einfluß auf den Menschen. Hochmut bringt falsche Gedanken hervor, falsch verstandene Sinneswahrnehmung führt zu problematischen moralischen Haltungen, beispielsweise zu Schwelgerei (luxuria) und Ausschweifung(lasciuia), also zu einer inneren Formlosigkeit.

Interessanterweise bringt Alanus hier implizit zum Ausdruck, daß durch eine moralische Fehlhaltung, den

Hochmut, einem falschen Denken der Weg geebnet und damit Erkenntnis verstellt wird; andererseits kann ein falscher Umgang mit der Sinneswahrnehmung moralisch problematisch werden: Erkenntnis und Moral sind so in zweifacher Weise voneinander abhängig. Die Ausbildung der Geisteskräfte aus dem Engelbereich als Seelenkräfte im Menschen hat offenbar diese Beziehung von Erkenntnis und Moral zu berücksichtigen; ob die Übernahme der Engelfähigkeiten gelingt, hängt demnach davon ab, ob der Berührungspunkt von Erkenntnis und Moral vom Menschen in angemessener Weise ausgestaltet werden kann.

Der Hinweis auf die Pfeile der Dämonen in der Sinneswahrnehmung charakterisiert übrigens indirekt noch einmal die oben beschriebene theophania. Der Weg der theophania, also der Fortschritt von der Sinneswahrnehmung zur geistigen Erkenntnis (im Unterschied zur philosophia, die von der Begriffserkenntnis zur sinnlichen Bestätigung übergeht)[18] ist gefährdet, wenn die Sinneswahrnehmung nicht zur Welterkenntnis, sondern als Grundlage des menschlichen Selbstgefühls verwendet wird. Dann dient sie nicht als Ausgangspunkt der Begriffsbildung, sondern sie bewirkt im Menschen eine Selbstüberschätzung, die sich als seelische Formlosigkeit (Maßlosigkeit) äußern kann.

«Erkenne Dich selbst»

In der Palmsonntag-Predigt hat Alanus beschrieben, wie der Mensch durch Geistesbeständigkeit, gute Gedanken und Vermeidung von Hochmut «christlich» wird, d. h. in sich für Christus eine Wohnstätte schafft; er wird auf diese Weise zur «Burg» Christi. Der Weg zu Christus erscheint so als die Ausbildung von geistiger Individualität im menschlichen Leben. Der Mensch eignet sich Geistesfähigkeiten an, die zuvor allein dem Engel zukamen; indem der Mensch auf diese Weise als individueller Geist zum «Engel» wird, kann Christus in ihm wohnen. Eine ganz ähnliche Perspektive zeigt eine andere Predigt des Alanus, die den Titel «Erkenne Dich selbst» trägt. In ihr macht Alanus deutlich, welche Beziehung zwischen Christus und der menschlichen Selbsterkenntnis besteht – und Selbsterkenntnis heißt hier interessanterweise nichts anderes als die Ausbildung von geistiger Individualität.

Die Predigt beginnt mit den Worten: «Das ‹Erkenne Dich selbst› ist vom Himmel herabgestiegen.»[19] Dieses Herabsteigen des «Erkenne Dich selbst» erinnert den Hörer bzw. Leser der Predigt sofort an Christi Niedersteigen auf die Erde. Das «Erkenne Dich selbst» ist wie Christus auf die Erde herabgekommen! Darüberhinaus: Christus ist in gewisser Hinsicht das «Erkenne Dich selbst». Aus dieser Sicht ergeben sich zwei Aspekte wie zwei Grenzpunkte des hier angesprochenen Geheimnisses. Einerseits wird menschliche Selbsterkenntnis offenbar durch das Kommen Christi erst ermöglicht, andererseits kommt Christus in der menschlichen Selbsterkenntnis auf die Erde.

«Das ‹Erkenne Dich selbst› ist vom Himmel herabgestiegen» – Alanus weist gleich zu Beginn der Predigt darauf hin, daß diese Einsicht bereits im Griechenland der vorchristlichen Zeit aufzufinden ist. Er fordert seine Hörer auf, wahrzunehmen, «was die heidnischen Bildwerke ertönen lassen: Statuen, die Ohren haben und nicht hören, Nasen und nicht riechen, Hände und nicht tasten, Füße und nicht gehen. Vom Himmel, sagen sie, ist das ‹Erkenne Dich selbst› gekommen.»[20] Alanus bezieht damit auch die heidnische Überlieferung in die Christus-Verkündigung mit ein.

Dies zeigt sich schon am Thema der Predigt, denn die Aufforderung «Erkenne Dich selbst» geht auf eine Inschrift in dem griechischen Heiligtum zu Delphi zurück. So schreibt der heidnische Priester und Philosoph Plutarch (etwa 45 – 120) in seinem Dialog «Über das E in Delphi»: «Sieh doch ... diese Aufschriften ‹Erkenne Dich selbst› und ‹Nichts im Übermaß›, zu wievielen Untersuchungen haben sie Philosophen angeregt, und welche Fülle von Schriften ist aus jeder von ihnen wie aus einem Samenkorn emporgeproßt!»[21] An diese menschheitsgeschichtlich alte Überlieferung knüpft Alanus sein Christus-Verständnis an. Damit weist er auf ein gleichsam «vorchristliches» Christentum, auf eine heidnische (wenngleich noch unvollkommene) Christus-Verkündigung.

Im weiteren Verlauf der Predigt charakterisiert Alanus zwei Lebenshaltungen, die dem Menschen einen Zugang zu dem «Erkenne Dich selbst» verstellen. Selbsterkenntnis kann der Mensch durch zwei Arten der «Unwissenheit seiner selbst» vermeiden; zum einem, «wenn der Mensch sich zu niedrig einschätzt. Mit dieser Unwissenheit arbeitet der Faule.»[22] Man entzieht sich also der eigenen Verantwortung dem «Erkenne Dich selbst» gegenüber, wenn man eine zu geringe Meinung von sich hat. Eine solche Lebenshaltung stellt sich angesichts der Aufforderung zur Selbsterkenntnis als Faulheit dar. Denn ein Mensch, der seine eigenen Kräfte und Fähigkeiten dauernd unterschätzt, benutzt diese Art der «Selbsterkenntnis» als Vorwand, um in Untätigkeit verbleiben zu können. Der Mensch *will* dann seine Fähigkeiten nicht kennen, um nichts tun zu müssen; er ignoriert seine Kräfte, um unbehelligt bleiben zu können.

Die zweite Art der «Unwissenheit seiner selbst» besteht im Hochmut und in der Eitelkeit. Gegen diese problematische Lebenshaltung wendet Alanus den berühmten Hinweis des Apostels Paulus: «So sollte das Schriftwort Geltung behalten: ‹Wer sich rühmen will, soll sich im Herrn [also in Christus] rühmen›» (1. Korintherbrief 1, 31). Die Selbstüberschätzung, die sich in Hochmut und Eitelkeit zeigt, entspricht nicht dem «Erkenne Dich selbst», das vom Himmel herabgestiegen ist. Sich nicht seiner selbst, sondern Christi zu rühmen, zeugt dagegen von der Einsicht, daß alle eigenen Kräfte und Fähigkeiten auf Christus zurückzuführen sind. Und man könnte hinzufügen: Wenn in der Selbsterkenntnis wirklich klar wird, daß die Kraft Christi als meine eigene Kraft wirkt, dann wird diese Selbsterkenntnis ganz wirklichkeitsgemäß zur Christus-Erkenntnis. Denn die Erkenntnis der eigenen Fähigkeiten führt auf die Erkenntnis ihrer Ursache, auf Christus.

So wird auch an dieser Stelle deutlich, daß beides gilt: Einerseits gelangt der Mensch durch die Selbsterkenntnis zu Christus; ohne Selbsterkenntnis bleibt Christus im Verborgenen, und in diesem Sinne gehören Ich-Entwicklung und die Beziehung zu Christus untrennbar zusammen. Andererseits ist Christus auch der Weg der Selbsterkenntnis, d. h. es ist nicht möglich, zur Selbsterkenntnis zu gelangen, ohne Christus gefunden zu haben. Würde nämlich der Mensch versuchen, ohne Blick auf Christus die Forderung des «Erkenne Dich selbst» einzulösen, so würde er in eine der beiden Arten von «Unwissenheit seiner selbst» verfallen: entweder sich «zu niedrig einschätzen» oder vom Hochmut der Selbstüberschätzung geblendet werden; diesen Hochmut bringt Alanus mit der Selbstüberschätzung Luzifers in Verbindung. So schwankt der Mensch zwischen Selbstzweifel und Hochmut, solange Christus nicht den Ausgangspunkt seiner Selbsterkenntnis bildet. Auch dieser Hinweis muß ganz wirklichkeitsgemäß verstanden werden: Wie jede richtig verstandene Selbsterkenntnis zu Christus führt, indem eigene Kraft als Christus-Kraft erkannt wird, so bildet Christus auch die Voraussetzung jeglicher Selbsterkenntnis; denn ohne ihn könnten sich in der menschlichen Selbsteinschätzung nur Verzweiflung und Überhebung abwechseln, der Mensch könnte sich also ohne Christus in seiner wahren Gestalt gar nicht seiner selbst bewußt werden.

Der Schutzengel

Alanus' Umgang mit Problemen geistiger Individualität läßt sich auch in seinem Verständnis der Beziehung von Mensch und Schutzengel beobachten. Dabei ist es allerdings notwendig, sich möglichst weitgehend in die Betrachtungsart des Alanus als eines mittelalterlichen Denkers hineinzuversetzen, zugleich aber auch die in der Gegenwart geistesgeschichtlich mögliche Perspektive zur Geltung zu bringen. Denn es liegt auf der Hand, daß nach 800 Jahren geistesgeschichtlicher Entwicklung veränderte, in gewisser Hinsicht sogar erweiterte Verständnisansätze möglich sind; andererseits dürfen sie dem Denken des Alanus aber nicht einfach übergeordnet werden. Heute ergeben sich zwar andere menschenkundliche Sichtweisen und vor allem veränderte Voraussetzungen für ein Begreifen geistiger Individualität beim Menschen, aber diese neuen Betrachtungsmöglichkeiten müssen zum Erhellen der Perspektive des Alanus, nicht nur zu ihrer philosophiegeschichtlichen Beschreibung und Einordnung verwendet werden. So erweist sich eine Bewußtseinshaltung als methodisch notwendig, die der Ausleger von Schriften des Alanus nicht schon mitbringt, sondern die sich ihm in der inneren Begegnung der gegenwärtigen Bewußtseinslage mit dem Denken des Alanus erst allmählich ergibt.

In seiner Schrift «Quoniam homines» stellt Alanus die zunächst überflüssig erscheinende Frage, ob der Schutzengel den ihm zugeordneten Menschen beschützt oder nicht. Doch wird bei näherem Hinsehen deutlich, daß diese Fragestellung in eine tiefliegende Problematik führt. Denn leitet und beschützt der Schutzengel den Menschen zu jeder Zeit, so kann der Mensch niemals geistige Selbstverantwortung, Eigenständigkeit und Freiheit ausbilden; er könnte sich also nicht zur geistigen Individualität entwickeln, sondern würde in seelisch-geistiger Abhängigkeit vom Engel verbleiben. Wenn der Mensch andererseits geistig stets auf sich selbst gestellt wäre, so würde er von seinem Schutzengel nicht beschützt. Die Anschauung vom Schutzengel sieht sich also in einer bestimmten geistesgeschichtlichen Situation vor der Schwierigkeit, geistige Eigenständigkeit oder Individualität des Menschen mit dem Wirken des Schutzengels zu vereinbaren. Vor diesem Hintergrund wird die vorläufige Antwort des Alanus leichter verständlich: Der Schutzengel leite den Menschen so weit, wie es ihm möglich ist, und dennoch sei der Mensch zuweilen nicht beschützt. Man könne sich dieses Verhältnis verdeutlichen, wenn man an die Beziehung eines Lehrers zu seinem Schüler denke: der Schüler kann vom Lehrer belehrt und manchmal dennoch nicht wissend werden.[23] Man könnte hinzufügen, daß es demnach vom Menschen selbst abhängt, wie der Schutz und die Leitung des Schutzengels wirken.

Die damit von Alanus angedeutete Beziehung des Menschen zu seinem Schutzengel gilt offenbar nicht nur für das Leben des einzelnen Menschen, sondern auch für die bewußtseinsgeschichtliche Entwicklung der Menschheit. Die

Perspektive des Alanus erlaubt es nämlich, den Menschen sowohl individuell als auch menschheitsgeschichtlich in einem sich wandelnden Verhältnis zum Schutzengel zu denken. Die geistige Entwicklung des Menschen verändert die Schutzengel-Wirkung auf ihn.

In demselben Zusammenhang erörtert Alanus die Frage, ob jeder einzelne Mensch einen Schutzengel hat oder ob mehrere Menschen demselben Schutzengel zugeordnet sind.[24] An der Antwort wird besonders deutlich, daß heute in anderer Art ein Begriff geistiger Individualität gewonnen werden kann als im ausgehenden 12. Jahrhundert. Alanus' Antwort lautet nämlich, daß jeder einzelne Mensch, *der lebt,* einen eigenen Schutzengel besitzt. Für das Erdenleben ist also geistige Individualität im Verhältnis des Menschen zu seinem Schutzengel gesichert – es wäre keine geistige Individualität im Erdenleben möglich, wenn mehrere Menschen *einen* Schutzengel hätten und damit an ein und derselben Form der Geistigkeit teilhaben würden. In diesem Fall wäre das höhere Selbst des Menschen, d. h. Gedanken, Erkenntnisse und ihre Auswirkung auf die Ich-Entwicklung nicht individuell, sondern bei verschiedenen Menschen vom Engel her geistig identisch, wenngleich vielleicht in unterschiedlichen irdischen Erscheinungsformen: denn obwohl vom Engelgeist dieselbe Wirkung auf verschiedene Menschen ausgeht, kann sie sich doch in Abhängigkeit von den Lebensverhältnissen in der Ich-Entwicklung jeweils unterschiedlich auswirken. – So scheint die Auskunft des Alanus, jeder Mensch habe einen eigenen Schutzengel, solange er auf der Erde lebe, geistige Individualität zunächst sicherzustellen.

Dann allerdings schließen Formulierungen an, die die geistige Individualität des Menschen *für die nachtodliche Existenz* fraglich erscheinen lassen. Denn ein Mensch, der gestorben ist, und ein anderer, der ihm gleichsam im Erdenleben nachfolgt, können ein und denselben Schutzengel haben, so daß zwar «nicht zur selben Zeit verschiedene [Menschen] *einem* [Schutzengel zugeordnet sein können], sondern [nur] zu verschiedenen Zeiten entsprechend dem Nachfolgen und Sterben der verschiedenen Menschen».[25] Hier zeigt sich eine gewisse Unsicherheit im Hinblick auf die Beziehung von geistiger Individualität im Erdenleben und in der nachtodlichen Existenz. Wenn nämlich der individuelle Schutzengel den Menschen im nachtodlichen Sein verläßt, um einen anderen Menschen auf der Erde zu leiten, so scheint die geistige Individualität *beider* Menschen gefährdet. Denn es würde dieselbe Geistigkeit in dem «nachfolgenden» Menschen wirken, die auch den Verstorbenen in dessen vorangegangenem Erdenleben geleitet hat. Zudem würde sich die Frage stellen, ob die geistige Individualität des Verstorbenen in der nachtodlichen Existenz weiterbestehen kann, wenn sein Schutzengel ihn verlassen hat. Und: Geht die «gesamte» Geistigkeit des Verstorbenen an den «nachfolgenden» Menschen über oder nur derjenige Teil, der dem Engel zuzuschreiben ist?

Das entscheidende Problem besteht also in der Beziehung des verstorbenen Menschen zu demjenigen, der ihm auf der Erde «nachfolgt». Wie Alanus dieses Verhältnis auffaßt, ist seinen Ausführungen nicht unmittelbar zu entnehmen. Dennoch enthalten sie einen bestimmten Verständnisansatz, der zumindest probehalber weitergedacht werden kann. Dieser Ansatz wird deutlicher, sobald man zu verstehen versucht, wie ein Mensch im Erdenleben auf einen Verstorbenen folgen kann. Offensichtlich ist es nicht sinnvoll anzunehmen, ein solcher irdischer Nachfolger könnte jeder Mensch sein, der nach dem Tod des vorangegangenen Menschen geboren wird; auch eine Eingrenzung dieser ungeheuren Zahl von Menschen auf diejenigen, die gleich nach dem Tod des vorangegangenen Menschen geboren werden, oder auf Verwandte löst das prinzipielle Problem nicht. Auf diese Weise läßt sich nämlich keine wirkliche Beziehung zwischen dem Verstorbenen und seinem Nachfolger herstellen – daß eine solche Beziehung aber von Alanus gesehen wird, scheint die Formulierung zum Ausdruck zu bringen, der eine Mensch «folge» auf den anderen «nach». Ein «Nachfolgen» ist in diesem Zusammenhang aber nur möglich, wenn ein eindeutiger Zusammenhang zwischen beiden Menschen besteht. Andernfalls wäre es sinnlos, von einer Nachfolge zu sprechen, weil im Prinzip jeder beliebige später geborene Mensch dieser Nachfolger sein könnte.

Eine sinnvolle (wenngleich vielleicht nicht die einzig mögliche) Deutung ergibt sich, wenn man die Nachfolge des einen Menschen auf den anderen nicht als eine unmittelbare zeitliche Sukzession versteht. Dann könnte man davon ausgehen, daß der Mensch dem Verstorbenen nicht bald nach dessen Tod ins Erdenleben nachfolgt, sondern vielleicht sehr viel später. So könnte man beide, den Verstorbenen und den ihm Nachfolgenden als zwar verschiedene Menschen, aber als dieselbe Individualität annehmen; ist aber die Individualität in verschiedenen Erdenleben dieselbe, so kann sie auch ein und demselben Schutzengel haben, ohne daß geistige Individualität in Frage gestellt ist. Auf diese Weise würde man die Aussage des Alanus, der Verstorbene und der ihm nachfolgende Mensch könnten einem und demselben Schutzengel zugeordnet sein, im Sinne des Reinkarnationsgedankens verstehen.

Eine ausdrückliche Formulierung des Reinkarnationsgedankens darf allerdings im mittelalterlichen Denken nicht erwartet werden. Es ist auch wichtig festzuhalten, daß sich eine Anschauung von Reinkarnation nicht explizit in den Formulierungen des Alanus ergibt. Als Verständnisversuch aber kann die besprochene Stelle durchaus in dieser Richtung aufgefaßt werden. Dann zeigt sich nämlich eine auch logisch sinnvolle Möglichkeit, die Aussage des Alanus nicht nur «irgendwie» zu verstehen, sondern ihr eine innere Kohärenz zuzuschreiben. Und es würde sich ergeben, daß im Denken des Alanus ein Begriff geistiger Individualität und die Engelanschauung so verbunden sind, daß sie aus einer heute möglichen menschenkundlichen Perspektive vom Reinkarnationsgedanken her verstanden werden können. Mit anderen Worten: Die geistesgeschichtlichen Vorläufer des Reinkarnationsgedankens sind nicht nur in ausdrücklichen Aussagen zur Reinkarnation, sondern auch in der Überlieferung von der Beziehung des Menschen zu seinem Schutzengel zu suchen.

Nachtodliches Leben

Die besprochenen Passagen der Schrift «Quoniam homines» stellen für die Entwicklung geistiger Individualität einen bestimmten Zusammenhang zwischen dem Erdenleben des Menschen und der nachtodlichen Existenz her. In seiner sogenannten Weihnachts-Predigt deutet Alanus nun wie von ferne auf die Möglichkeit geistiger Individualität in der nachtodlichen Existenz hin. Man muß sich bei der Betrachtung der Ausführungen in der Weihnachts-Predigt vor Augen halten, daß im Sinne der Karma-Vorträge Rudolf Steiners aus dem Jahre 1924 geistige Individualität im nachtodlichen Sein eigentlich erst in der allerjüngsten Vergangenheit der Menschheitsentwicklung verwirklicht werden kann. Der Mensch hat sich die «Unsterblichkeit –

dieses fortdauernde Bewußtsein von der Persönlichkeit –, nachdem er durch die Pforte des Todes durchgegangen war, erst errungen seit der Zeit, da eine Bewußtseinsseele im Erdenmenschen Platz greift».[26] Die hier angesprochene Entwicklung der Bewußtseinsseele beginnt mit dem Übergang zur Neuzeit; als «Unsterblichkeit» bezeichnet Rudolf Steiner das Weiterbestehen eines individuell-geistigen Bewußtseins in der nachtodlichen Existenz des Menschen, also die Fortdauer geistiger Individualität. Sie ist erst in den letzten Jahrhunderten der Menschheitsgeschichte möglich geworden: «Die Entwicklung der Menschheit hat die individuelle persönliche Unsterblichkeit gebracht ... Stirbt heute ein Mensch, der wirklich die Möglichkeit hatte, während des Erdenlebens seine Seele zu durchdringen mit Intelligenz, mit wahrhafter Intelligenz, dann geht er durch die Pforte des Todes, und er schaut zurück auf sein Erdenleben, das da war ein selbständiges Erdenleben.»[27] In der Gegenwart kann derjenige, der «wahrhaftige Intelligenz» in seine Seele aufnehmen, d. h. geistige Individualität im Erdenleben entwickeln konnte, in der Kontinuität eines so ausgebildeten geistigen Bewußtseins nachtodlich auf sein Erdenleben zurückblicken; die geistige Individualität, die er während des Erdendaseins in sich schaffen konnte, bleibt ihm also als individuelles geistiges Bewußtsein im nachtodlichen Leben erhalten. – Wenn Alanus in seiner Weihnachts-Predigt bildhaft von den Bedingungen individueller nachtodlicher Existenz spricht, so begegnet hier ein Element außerordentlicher Zukunftsbezogenheit, ähnlich wie in dem in der «Einführung» beschriebenen Verständnis der Beziehung von Glauben und Wissenschaft (s. S. 7f.)und in Alanus' Anschauung des Verhältnisses von Schutzengel und Mensch.

Entscheidend für die individuelle nachtodliche Existenz ist, ob der Mensch während des Erdenlebens zu einer individuellen Geistesentwicklung gelangt. Der Mensch existiert nachtodlich als geistige Individualität, wenn er die Individualisierung des Geistes durch seine Seele auf der Erde ermöglicht. Diese Individualisierung des Geistes an der menschlichen Seele wird in dem geisteswissenschaftlichen Begriff der *Geistselbst-Bildung* zusammengefaßt. Die Entwicklung von Geistselbst im irdischen Leben und nachtodliche geistige Individualität sind nicht zu trennen. So kann die entscheidende Frage folgendermaßen gestellt werden: Wie kann der Mensch während seiner irdischen Existenz das Geistige aus der Seele heraus so individualisieren, daß es im nachtodlichen Sein als individuelles Geistiges bestehen kann? Die Aufgabe liegt dann darin, Geistiges in der Weise mit der eigenen Ich-Entwicklung zu verbinden, daß dieses Geistige selbst ich-bildend wirkt. Nur so kann Geistiges individuell werden; denn ohne diese Verbindung mit dem menschlichen Ich ist Geistiges nicht individuell, sondern allgemein: es gilt in derselben Form für jeden Menschen. Geistiges zeigt sich für den Menschen aber zunächst in seiner Erkenntnis. Wenn nun das menschliche Ich seine Erkenntnisse nicht einfach «hat», sondern sich seelisch empfindend mit ihnen verbindet, wenn also diese Erkenntnisse selbst zur Ich-Entwicklung des Menschen werden, dann wird Geistiges in der menschlichen Seele individuell, und der Mensch bildet Geistselbst aus; dessen Wirkung zeigt sich in der nachtodlichen Existenz als Fortdauer der so selbst geschaffenen geistig-individuellen Wirklichkeit.

Dieser Zusammenhang tritt wie in einem Bild sehr anschaulich in der Weihnachts-Predigt des Alanus zutage: «Vor der Ankunft Christi wandelte der Jude in der Finsternis der Unwissenheit, der Heide in der Finsternis der

Schuld, der Gläubige nach dem Tod in der Finsternis der Pein. Es wandelte der Jude im Ungewissen, der Heide im Unrat; es saß der Gläubige nach seinem Tod in der Dunkelheit.»[28] Alanus betrachtet hier die Situation der Menschheit vor dem Kommen Christi auf die Erde; er weist darauf hin, daß in dieser Zeit die Juden sich in der «Finsternis der Unwissenheit» bewegten, d. h. sie hatten keine Erkenntnis. Von den Heiden sagt Alanus, sie hätten sich in der «Finsternis der Schuld» befunden. «Schuld» meint als ein alter theologischer Begriff Probleme in der moralischen Entwicklung des Menschen, und so bedeutet die Aussage des Alanus, daß die Heiden in der Zeit vor der Inkarnation Christi in gewisser Hinsicht ohne moralische Orientierung leben mußten. Schließlich heißt es, die «Gläubigen» hätten sich vor der Zeitenwende in der «Finsternis der Pein» befunden. Welche Menschen mit den «Gläubigen» gemeint sind, bleibt zunächst offen; in der Zeit vor dem Kommen Christi kann es sich dabei selbstverständlich nicht um Christen im äußeren Sinne gehandelt haben – so kann eigentlich nur eine innere Haltung eines gleichsam «vorchristlichen» Christentums angesprochen sein. Diese «Gläubigen» werden hier im Unterschied zu Juden und Heiden im Hinblick auf ihre *nachtodliche Existenz* charakterisiert. Was dabei die «Finsternis der Pein» bedeuten könnte, soll im folgenden betrachtet werden.

Alanus fährt fort: «Das Volk aber, das im Finstern wandelte, sah ein großes Licht – Christus, der da ist das wahre Licht, das alle Menschen erleuchtet, die in dieser Welt leben»[29] (vgl. Jesaja 9, 1 und Johannes 1, 9). Die drei Arten der Finsternis, die Alanus zuvor im Hinblick auf Juden, Heiden und Gläubige geschildert hatte, werden von Christus her erhellt und damit aufgehoben, denn Christus ist das Licht der Welt. «Dieses Licht kam in die Welt, auf daß der Jude erkenne. Dieses

Licht kam in die Welt, auf daß der Heide glaube. Dieses Licht kam in die Welt, auf daß es den Gläubigen vom Tod befreie.»[30] Durch Christus können also die Juden Erkenntnis gewinnen, die sie zuvor nicht hatten. Durch Christus können die Heiden glauben; damit ist an dieser Stelle gemeint, daß sie sich durch Christus Moralität aneignen können. In der christlichen Tradition wurde unter «Glaube» eine Willensbestimmung des Menschen verstanden, und «Moral» heißt in einem nichtmoralistischen Sinne nichts anderes als die Möglichkeit des Menschen, seinen Willen frei zu bestimmen.[31] – Durch Christus werden schließlich die Gläubigen vom Tod befreit; damit kann selbstverständlich nicht gemeint sein, daß sie nicht mehr sterben. Aber es bleibt zunächst noch offen, worin die Befreiung der Gläubigen vom Tod besteht, ebenso wie zuvor nicht deutlich wurde, was die Dunkelheit nach ihrem Tod ausmacht.

«Vor dem Aufgang dieses Lichtes sah der Jude nur spärliches Licht beim Verständnis des Gesetzes, der Heide nur spärliches Licht beim verstandesmäßigen Forschen, der Gläubige nur spärliches Licht nach dem Tod im Schoß der Ruhe.»[32] Durch das Verstehen und Befolgen des «Gesetzes», also der (insbesondere mosaischen) Gebote des Alten Testamentes, konnten die Juden vor dem Kommen Christi *Moralität* im Erdenleben ausbilden. Durch «verstandesmäßiges Forschen», also durch philosophisches Denken und Naturerkenntnis (beispielsweise in der antiken griechischen Philosophie), konnten die Heiden im irdischen Leben *Erkenntnisse* gewinnen. Und von den Gläubigen wird hier wieder nicht im Hinblick auf ihre irdische, sondern auf ihre nachtodliche Existenz gesprochen: sie hätten sich in der Zeit vor der Ankunft Christi im «Schoß der Ruhe» befunden – wieder bleibt bei der Charakterisierung ihrer Lebenssituation rätselhaft, was damit gemeint sein könnte.

Was Alanus andeuten möchte, wird allmählich klarer, wenn man die nächsten Aussagen der Weihnachts-Predigt hinzunimmt: «Geringes Licht sah der Jude im Hinweiszeichen des Gesetzes, geringes Licht sah der Heide im Spiegel der Schöpfung, geringes Licht sah der Gläubige in der Linderung [oder Ruhe] nach seinem Tod.»[33] Von den Juden heißt es wieder, daß sie durch die Gebote des Alten Testamentes einen gewissen Vorschein des Christus-Lichtes sahen, weil das Gesetz es ihnen ermöglichte, Moralität auszubilden. Von den Heiden sagt Alanus, daß sie durch Hinwendung zu der von Gott geschaffenen Natur zur Erkenntnis und damit zu einer gewissen Teilhabe an dem Christus-Licht gelangen konnten. Und schließlich habe auch der Gläubige (allerdings im Unterschied zu den vorher genannten Menschengruppen wieder in der nachtodlichen Existenz) einen gewissen Vorschein des Christus-Lichtes wahrnehmen können, indem er Trost, Linderung, Hilfe oder auch Ruhe (refrigerium) in seinem nachtodlichen Leben erhalten habe. Was könnte hier gemeint sein? Worin bestand diese Linderung, und wodurch wurde sie nach Christi Ankunft abgelöst?

Eine Antwort wird mit Hilfe von späteren Aussagen der Predigt möglich. «Den in der Schattenregion des ... Todes Wohnenden, den *in Abrahams Schoß ruhenden* Heiligen ist die Sonne der Gerechtigkeit aufgegangen, um sie aus der Finsternis der Unterwelt zu befreien und sie mit himmlischem Licht zu durchströmen.»[34] Die hier als «Heilige» bezeichneten Menschen sind die «Gläubigen» der vorangegangenen Textstellen, also die gleichsam «vorchristlichen» Christen. Von ihnen wird jetzt gesagt, daß sie «in Abrahams Schoß ruhen», nämlich während ihrer nachtodlichen Existenz. Mit dem Ruhen in Abrahams Schoß ist jene Linderung bzw. jener Trost angesprochen, von dem schon zuvor die Rede war. Die Gläubigen kehrten also vor dem Kommen Christi in den Schoß Abrahams zurück, d. h. in die Generationenfolge, die mit Abraham beginnt: in die Allgemeinheit der «Heiligen», die vor dem Kommen Christi lebten. Die Rückkehr in Abrahams Schoß bezeichnet eine nachtodliche Daseinsform, die gerade nicht individuell geistig, sondern als eine Art Gruppengeistigkeit vorgestellt werden kann. Das bedeutet aber letztlich, daß diese «Gläubigen» nachtodlich nicht als Individualitäten existieren konnten, sondern eins waren mit allen anderen Heiligen «in Abrahams Schoß». Sie haben Ruhe, Trost oder Linderung gefunden, indem sie in die Allgemeinheit der Generationenfolge zurückgekehrt sind, die durch geistige (oder im Sinne des Alten Testamentes) auch durch blutsverwandtschaftliche Nähe vorgegeben war; da existierte niemand als geistig individuelles Wesen, sondern in der Gesamtheit des großen Zusammenhangs der Gläubigen. In dieser Situation erscheint Christus auf der Erde und befreit damit diese Heiligen aus der «Finsternis der Unterwelt», erleuchtet sie mit «himmlischem Licht». Der Begriff «Unterwelt» bezeichnet die nachtodliche Daseinsform dieser Menschengruppe: eine nichtindividuelle Existenz in «Abrahams Schoß». Daraus werden sie durch das Kommen Christi befreit! Es erscheint jetzt offenbar ein Licht, das andere Formen nachtodlicher Existenz möglich macht.

Zusammengefaßt ergibt sich: In der vorchristlichen Zeit gab es Menschen (Alanus bezeichnet sie als «Juden»), die Moralität ausbilden konnten, nicht aber Erkenntnis. Daneben gab es Menschen (Alanus bezeichnet sie als «Heiden»), die beispielsweise im Sinne der alten griechischen Philosophie Erkenntnis gewinnen, aber keine eigenständige moralische Willensbestimmung vornehmen konnten. Dann gab es drittens Menschen (Alanus bezeichnet sie als «Gläubige»), die in ihrer nachtodlichen Existenz zwar getröstet waren, dort aber keine geistige Individualität besaßen, sondern in der generationengebundenen Geistigkeit des «Abraham» existierten.

In der Weihnachts-Predigt werden in diese bildhafte Darstellung drei Begriffe eingewoben, deren Verhältnis zueinander in dem Bild erlebbar zum Ausdruck kommt: Moral, Erkenntnis und geistige Individualität. Man kann davon ausgehen, daß Alanus die angesprochenen Menschengruppen nicht als Volk oder als Angehörige bestimmter historischer Umstände charakterisieren wollte; vielmehr sprach er von menschheitlichen Differenzierungen, die seinen Zuhörern aus der theologischen Überlieferung bekannt waren. Die Unterscheidung der drei Gruppen soll darauf hinweisen, daß in der Menschheitsentwicklung *vor der Ankunft Christi Erkenntnis, Moral und nachtodliche Individualität nicht in einem Menschen zusammenkommen* konnten, sondern gleichsam auf verschiedene Menschen verteilt waren. Erst durch Christus konnten sich Erkenntnis, Moral und nachtodliche Individualität in einem und demselben Menschen verbinden – erst durch Christus ist wahre geistige Individualität möglich geworden!

Betrachtet man das Bild des Alanus insgesamt, so enthält es die Aussage, daß die drei genannten Elemente erst als Gesamtheit geistige Individualität im Menschen begründen können. Andererseits scheint in den Augen des Alanus die Vereinigung von Erkenntnis und Moral im Menschen die Voraussetzung für geistige Individualität in der nachtodlichen Existenz zu bilden. Alle drei Menschengruppen kannten in der Zeit vor Christus einen gewissen Vorschein des Christus-Lichtes, indem sie jeweils ein Element der später in Christus vereinigten Seelenkräfte ausbilden konnten. Während die «Juden» das moralische Element und die

«Heiden» die Erkenntnisseite entfalten konnten, erhielten die «Gläubigen» in der nachtodlichen Existenz einen gewissen Trost, lebten also nicht wie die beiden anderen Gruppierungen nach ihrem Tod in der dunkelsten «Finsternis der Unterwelt»; allerdings konnten auch die «Gläubigen» nachtodlich noch nicht geistig individuell sein, sondern lediglich an einer Art Gruppengeistigkeit («Abrahams Schoß») teilhaben.

Verwandlung

Man kann sich nun fragen, wie Erkenntnis und Moral sich im Menschen vereinigen, nachtodliche Individualität begründen und so den Menschen als geistig individuelles Wesen hervorbringen können. Eine weitere Predigt des Alanus, die sogenannte Advents-Predigt, enthält implizit eine Antwort. Alanus legt in ihr das Wort des Apostels Paulus aus: «Die Nacht ist fortgeschritten, der Tag ist nahe herbeigekommen» (Römerbrief 13, 12). Den Begriff «Nacht» versteht Alanus dabei folgendermaßen: «Es gibt eine dreifache Nacht: die Nacht der *Unwissenheit* (ignorantia), die Nacht der *Schuld* (culpa), die Nacht des *weltlichen Leidens* (tribulatio mundana).»[35] Mit der «Nacht der Unwissenheit» spricht Alanus offenbar das Gegenteil von menschlicher *Erkenntnis* an; die «Nacht der Schuld» steht für das Gegenteil von *moralischer Entwicklung* – hier erscheinen wieder die beiden geistigen Fähigkeiten des Menschen, die Alanus in seiner Weihnachts-Predigt unterschieden und für die vorchristliche Zeit verschiedenen Menschengruppen zugeordnet hatte. Wieder ist wichtig zu beachten, daß der Begriff «Schuld» in der älteren christlichen Tradition durchaus nicht in der moralistischen Verengung verstanden wurde, die er in der Neuzeit erhalten hat. Vielmehr weist er auf Probleme der moralischen Entwicklung beim Menschen in einem umfassenden Sinne hin. – Worauf die dritte «Nacht», diejenige des «weltlichen Leidens» deutet, bleibt zunächst noch unklar.

In diesen drei Bereichen lebt der Mensch in der Finsternis, wenn er nicht bemerkt, daß jetzt «die Stunde da ist, aufzuwachen vom Schlaf» (Römerbrief 13, 11). Wenn der Mensch von einem Schlaf, man könnte auch von einer Art Bewußtlosigkeit sprechen, nicht aufsteht, verbleibt er in der Finsternis der Nacht. Es liegt an ihm zu bemerken, daß es jetzt an der Zeit ist, sich zu erheben. Der Mensch muß geistige Tätigkeit entfalten, um die dreifache Nacht zu überwinden. Alanus faßt die Aussagen des Paulus folgendermaßen auf: *Jetzt* ist die Zeit gekommen, in der der Mensch zu dieser Tätigkeit auch wirklich fähig wird; bevor Christus auf die Erde kam, war er dazu nicht in der Lage. *Jetzt* kann der Mensch aufwachen und die Finsternis der Unwissenheit, die Erkenntnislosigkeit überwinden. *Jetzt* kann er zugleich die Finsternis der Schuld überwinden: er kann vom Schlaf nicht entwickelter Moralität aufstehen.

Doch was könnte mit der dritten Form der Nacht, der Finsternis des weltlichen Leidens, gemeint sein? Eine Antwort auf diese Frage kann sich ergeben, wenn man die drei Begriffe in einem Zusammenhang und in einer Abfolge versteht. Dann lassen sie sich auch in der Perspektive der Weihnachts-Predigt, also unter dem Aspekt der geistigen Individualität bzw. der Ich-Entwicklung auffassen. Denn es handelt sich doch um drei Bereiche, in denen der Mensch aufwachen, d. h. ichhaft tätig werden soll. Das Ich greift zunächst in den Erkenntnisbereich ein, und aus der Finsternis der Unwissenheit wird das helle Bewußtsein der

Erkenntnis – ein erster Schritt bei der Ausbildung geistiger Individualität.

Dann kann das Ich den Bereich durchdringen, den Alanus mit dem Begriff der «Schuld» bezeichnet. Will man einen geisteswissenschaftlichen Begriff verwenden, so kann man davon sprechen, daß das Ich damit in das Gebiet der Astralorganisation des Menschen hineinwirkt. Der traditionelle christliche Begriff der «Schuld» weist oftmals auf die Beziehung des menschlichen Ich zum Astralleib; die Ausbildung von Moralität kann geisteswissenschaftlich als das Problem der Verwandlung von gegebener Astralorganisation durch das menschliche Ich beschrieben werden. Moralische Probleme haben stets einen Zusammenhang mit dem Verhältnis des Menschen zu seinem Astralleib. Auch in diesem Gebiet kann der Mensch geistige Individualität ausbilden, das Ich kann den Astralleib verwandeln und sich im Hinblick auf ihn bewußt werden. Dies wird von der Erkenntnis her möglich, also wenn das Ich zunächst in seinem eigenen Bereich die Finsternis der Unwissenheit überwunden und das helle Bewußtsein der Erkenntnis hergestellt hat. Dann kann es dieses Licht auch in ein Gebiet hineinleuchten lassen, das tiefer in der Unbewußtheit liegt als der Erkenntnisbereich: in der Astralorganisation, die alle nicht selbst hervorgebrachten Orientierungen des Menschen umfaßt.

Dadurch wird es möglich, dieses Bewußtseinslicht noch weiter in die menschliche Organisation hinein leuchten zu lassen. Denn schließlich kann der Mensch geistige Individualität auch ausbilden, wenn er einen Bereich seinem Bewußtsein erschließt, der sich von Natur aus noch weiter außerhalb des Bewußtseins befindet als der menschliche Astralleib, der also noch tiefer in der Finsternis der Nacht liegt, in dem der Mensch noch tiefer schläft. Das ist der

Bereich des «weltlichen Leidens»; dieser Begriff weist offenbar auf das menschliche Lebensgefühl, auf die grundsätzliche Situation des Menschen in seiner irdischen Existenz, auf eine tiefsitzende Gestimmtheit, die sich aus der Lebenssituation ergibt. Geisteswissenschaftlich gesprochen ist damit das Gebiet des Ätherleibes berührt, also der Gesamtorganisation aller Lebensprozesse. Auch der Ätherleib wird bei der Ausbildung geistiger Ich-Individualität aus der Finsternis der Nacht befreit; der Schlaf der Unbewußtheit wird vertrieben, wenn das Ich hier tätig wird. Der Mensch überwindet die Nacht in seiner ätherischen Organisation, wenn aus ihr nicht mehr allein wirkt, was ihm als grundlegendes Lebensgefühl natürlicherweise mitgegeben ist, wenn er auch in diesem Bereich bewußt gestaltend eingreift. Selbstverständlich ist eine Verwandlung auf diesem Gebiet zunächst nur in Ansätzen und ganz allmählich denkbar.

Der Mensch entwickelt sich also in seiner Erkenntnis, in der Ausbildung von Moralität und in seinem Lebensgefühl. Es sind jeweils andere Mittel notwendig, um die Unwissenheit im Erkenntnisbereich zu überwinden; andere Mittel, um die eigene Astralorganisation zu verwandeln und somit nicht nur derjenige zu bleiben, als den man sich vorfindet; wiederum andere Mittel, um auch das basale Lebensgefühl zu verändern, das man gleichsam mit auf die Welt gebracht hat. Es liegt nahe, daß unterschiedliche Grade der Kraftentfaltung nötig werden, um zunächst Erkenntnis zu gewinnen, dann von der Erkenntnis her Moral auszubilden und schließlich von dieser Selbstverwandlung her auch die grundsätzliche Lebensdisposition erreichen zu können.

So ergibt sich der Zusammenhang und auch die Abfolge der drei Begriffe: Ausbildung geistiger Individualität beginnt zunächst in dem dem Ich eigenen Gebiet, im Erkenntnisbereich. Das hier sichtbar gemachte Licht strahlt dann auch in die Astralorganisation und ermöglicht, die eigene «Innerlichkeit» so zu verwandeln, daß aus Gegebenem Selbsthervorgebrachtes entsteht. In dieser Entwicklung verändert sich schließlich auch allmählich das grundlegende Lebensgefühl, das fundamentale Weltverhältnis, das jeder Mensch besitzt. Auch hier kann das menschliche Ich nach und nach verändern und gestalten, was dem Menschen die Natur mitgegeben hat. So steht der Mensch in drei Schritten auf von dem zunächst für seine Konstitution natürlichen «Schlaf», und er überwindet die Finsternis der «Nacht», also der zunächst konstitutionell gegebenen Unbewußtheit. Dies wird möglich, wenn das Ich in seinem eigenen Bereich, d. h. auf dem Gebiet des Geistes oder der Erkenntnis, nicht stehenbleibt bei dem, was es schon *weiß*; wenn es im Bereich der «Schuld» oder Moralität nicht stehenbleibt bei dem, was es schon *ist*; dann wird es ihm möglich, auch in seinem Lebensgefühl nicht bei dem stehenzubleiben, was es als Verhältnis zur Welt mit auf die Erde gebracht hat.

II.

DIE MICHAEL-PREDIGT

ALANUS AB INSULIS: SERMO IN DIE SANCTI MICHAELIS

Te sanctum Dominum laudant in excelsis angeli.[36] O mira diuinitatis maiestas quam laudant angeli in excelsis, homines fatentur in terris; inanimata predicant, reges adorant. Hanc intuentur angeli in specie, ad quam homines suspirant spe; hanc vident angeli in speculari sapientie sue, quam vident homines in speculo visionis in enigmate; ipsi ciues, nos exules; ipsi signaculum Dei, nos ymago.

Aliud est enim signaculum Dei, aliud sigillum, aliud ymago, aliud signum. Sigillum Dei Patris est Filius, quasi in omnibus signans illum, quia Patri coequalis, coeternus, consubstantialis. Angelus vero est Dei signaculum, quasi in aliquibus signans illum, quia in pluribus similis est Deo angelus, etsi non in omnibus. Unde et de Lucifero dicitur, secundum statum quem habuit ante casum: Tu signaculum similitudinis Dei. Sed Filius est sigillum Patris secundum unitatem essentie; angelus vero signaculum imitationis

MICHAEL-PREDIGT

Dich, heiliger Gott, preisen in den Höhen die Engel.[37] O wunderbare Erhabenheit der Göttlichkeit, die die Engel in den Höhen preisen, die Menschen auf der Erde bekennen; die die unbeseelten Dinge verkünden, die Könige anbeten. Diese Erhabenheit erkennen die Engel im Begriff (species), die Menschen sehnen sich nach ihr in ihrer Hoffnung (spes)[38]; die Engel schauen sie in dem Fenster (specular) ihrer Weisheit, die Menschen sehen sie im Spiegel (speculum)[39] der rätselhaften Schau. Die Engel sind Bürger, wir Verbannte; sie sind ein Zeichen Gottes, wir ein Bild.

Es besteht nämlich ein Unterschied zwischen einem Zeichen Gottes, einem Abbild, einem Bild und einem Kennzeichen. Das Abbild des Vatergottes ist der Sohn, insofern er ihn *in allem* abbildet; denn er ist mit dem Vater gleich, gleichewig und wesensgleich. Der Engel dagegen ist ein Zeichen Gottes, insofern er ihn *in einigem* abbildet; denn in vielem ist der Engel Gott ähnlich, jedoch nicht in allem. Deshalb heißt es von Luzifer im Hinblick auf seinen Stand vor dem Fall: «Du [warst] das Zeichen der Ähnlichkeit Gottes» (Ezechiel 28, 12). Dagegen ist der Sohn das Abbild des Vaters aufgrund der Wesenseinheit, der Engel aber ein Zeichen im Sinne einer Nachahmung. Schließlich wird der Mensch als Bild Gottes wie ein Nachbild bezeichnet, weil ratione. Homo vero dicitur ymago Dei, quasi imitago, quia non ita similis est expresse Deo sicut angelus. Quelibet vero creatura dicitur signum Dei, quia sui essentia, sui ordinatione, sui pulcritudine predicat Deum.

O admirabilis angelorum potentia, que est Dei ministra, hominis consiliaria, miraculorum operaria, que Dei secreta reuelat, que legibus nature obuiat, que potestates aereas arcet, que homines subditos recte docet, que subditos maioribus obedire docet, per quam Deus iudicia discernit, que plenius de fonte diuine sapientie haurit, que nos ad caritatem accendit, que peccantibus compatitur, que bene operantibus congratulatur. Hanc ordo distribuit, dignitas distinguit, sapientia claudit, officium disponit. Ex angelis sunt quidam qui imperant, alii qui obtemperant, alii qui instruunt, alii qui instruuntur. Unde et angeli in IX ierarchias distinguuntur, id est in IX ordines distribuuntur, qui ierarchie sacri principatus dicuntur. Iste tamen IX ierarchie ad tres ierarchias reducuntur propter conuenientiam naturalem, propter similitudinem donorum.

Ordo primus hoc habet in munere ut nos inuitet ad caritatem Dei et proximi et magis incalescit amore Dei. Unde et ordo ille dicitur Seraphin, id est ardens. De hoc ordine erunt sancti illi qui soli contemplatione dediti vacant amori solius Dei.

Secundus ordo huic deputator officio ut inuitet ad scientiam Dei et pleniorem habet de Deo notitiam quam ceteri

er nicht so deutlich wie der Engel Gott ähnlich ist. Und alles Geschaffene wird Kennzeichen Gottes genannt, weil es durch sein Wesen, seine Ordnung und durch seine Schönheit Gott verkündigt.

O wunderbare Kraft der Engel; sie ist Dienerin Gottes, Beraterin des Menschen, Bewirkerin von Wundern; sie offenbart die Geheimnisse Gottes, widersetzt sich den Gesetzen der Natur, hält die Mächte der Luft in Schranken, lehrt die untergebenen Menschen richtig; sie lehrt die Untergebenen, den Höheren zu gehorchen; durch sie fällt Gott Urteile; sie schöpft reichlich aus der Quelle göttlicher Weisheit, entflammt uns zur Liebe, hat Mitleid mit den Sündern, beglückwünscht die gut Handelnden. Die Ordnung gliedert diese Kraft, die Würde unterscheidet sie, die Weisheit umschließt sie, die Aufgabe verteilt sie. Bei den Engeln gibt es einige, die befehlen, andere, die gehorchen; die einen unterweisen, die anderen werden unterwiesen. Daher werden die Engel nach neun Hierarchien unterschieden, also in neun Ordnungen gegliedert, die als Hierarchien der heiligen Herrschaft bezeichnet werden. Gleichwohl führt man diese neun Hierarchien auf drei Hierarchien zurück: wegen ihrer natürlichen Übereinstimmung und wegen der Ähnlichkeit ihrer Gaben.

Die erste Ordnung hat die Aufgabe, uns zur Liebe Gottes einzuladen; sie [besteht] aus den [Engeln], die [Gott] am nächsten sind, und sie erglüht außerordentlich in der Liebe zu Gott. Daher wird diese Ordnung Seraphim genannt, das bedeutet brennend. Zu dieser Ordnung werden diejenigen Heiligen gehören, die, einzig der Kontemplation hingegeben, frei dazu sind, den einzigen Gott zu lieben.

Der zweiten Ordnung wird die Aufgabe zugeteilt, zur Erkenntnis Gottes einzuladen, und sie besitzt ein umfassenderes Wissen von Gott als die übrigen niedrigeren

inferiores ordines. Unde et Cherubin dicitur, id est plenitudo scientie. De hoc ordine erunt illi qui, intuitu Dei, in sacra pagina student et plenius in spiritu diuina mysteria vident.

Tertius ordo dicitur Throni. Hii docent nos rationabile de rebus habere iudicium. Unde et Throni dicuntur; thronus enim est iudicium. De hoc ordine erunt qui non errant temeritate iudicii.

Est alius ordo qui docet nos debitam superioribus exhibere reuerentiam; unde et Dominationes dicuntur. De hoc ordine erunt qui dominis suis debito modo obediunt.

Est alius ordo qui hoc adeptus est officium ut doceat principem regere suum populum, et ideo Principatus nuncupatur. De hoc ordine erunt qui subditos rationabiliter regunt.

Est alius ordo qui huic destinatur officio ut arceat demones ne tantum nobis nocere possint quantum velint, et ideo Potestates dicitur. De hoc ordine erunt, qui suggestionibus diaboli viriliter resistere sciunt.

Est alius ordo qui dicitur Virtutes, quia per eum Dominus operatur miracula; unde Virtutum nomine censetur. De hoc ordine erunt qui in presenti vita faciunt miracula.

Ordnungen. Daher wird sie Cherubim genannt, das bedeutet Fülle der Erkenntnis. Zu dieser Ordnung werden diejenigen gehören, die Gott betrachtend in der Heiligen Schrift studieren und erfüllt im Geist die göttlichen Geheimnisse schauen.

Die dritte Ordnung wird Throne genannt. Sie lehren uns, ein vernünftiges Urteil über die Dinge zu haben. Daher werden sie als Throne bezeichnet; ein Thron ist nämlich [der Ort des] Urteils. Zu dieser Ordnung werden diejenigen gehören, die nicht durch ein unbesonnenes Urteil irren.

Es gibt eine weitere Ordnung, die uns lehrt, Höheren die gebührende Ehrfurcht entgegenzubringen; daher wird sie als Herrschaften (Dominationes) bezeichnet. Zu dieser Ordnung werden diejenigen gehören, die ihren Herren in der gebührenden Weise gehorchen.

Es gibt eine weitere Ordnung, die die Aufgabe übernommen hat, den Fürsten zu lehren, sein Volk zu regieren, und deshalb wird sie als Fürstentümer (Principatus) bezeichnet. Zu dieser Ordnung werden diejenigen gehören, die Untergebene vernünftig regieren.

Es gibt eine weitere Ordnung, der die Aufgabe bestimmt ist, die Dämonen in Schranken zu halten, damit diese uns nicht so sehr schaden können, wie sie wollen. Deshalb wird diese Ordnung als Gewalten (Potestates) bezeichnet. Zu dieser Ordnung werden diejenigen gehören, die den Einflüsterungen des Teufels mannhaft zu widerstehen wissen.

Es gibt eine weitere Ordnung, die Kräfte (Virtutes) genannt wird, weil Gott durch sie Wunder wirkt. Daher wird sie mit dem Begriff der Kräfte bezeichnet. Zu dieser Ordnung werden diejenigen gehören, die im gegenwärtigen Leben Wunder wirken.

Est alius ordo qui hominibus secreta diuina nuntiat; unde et theologia eum Archangelos appellat. De hoc ordine erunt qui docent, qui maiora predicant.

Est inferior ordo qui Angeli nuncupantur, per quem minora nuntiantur. De hoc ordine erunt illi doctores per quos minora predicantur.

Labora ergo, o homo, ut vel feruore caritatis ordini Seraphin ascribaris, vel plenitudine scientie annumereris Cherubin; vel rationabili iudicio de ordine Thronorum esse merearis; vel debitam obedientiam exhibens Dominationibus associeris; vel subditos bene regendo cum Principatibus principeris; vel demoni resistens in ordine Potestatum glorieris; vel miracula faciendo carnis castigatione in ordine Virtutum colloceris; vel maiora alios docendo inter Archangelos computeris; vel minora predicando locum inuenias in Angelis.

Es gibt eine weitere Ordnung, die den Menschen die göttlichen Geheimnisse verkündet; daher bezeichnet sie die Theologie als Erzengel (Archangeloi). Zu dieser Ordnung werden diejenigen gehören, die lehren und Höheres verkünden.

Es gibt eine niedrigere Ordnung, die als Engel (Angeli) bezeichnet wird; durch sie wird Kleineres verkündet. Zu dieser Ordnung werden diejenigen Lehrer gehören, durch die Kleineres verkündet wird.

Arbeite also, o Mensch, damit du durch die Glut der Liebe der Ordnung der Seraphim zugerechnet wirst oder durch die Fülle der Erkenntnis zu den Cherubim gezählt wirst; oder durch das vernünftige Urteil dich würdig machst, zur Ordnung der Throne zu gehören; oder als einer, der den gebotenen Gehorsam zeigt, dich mit den Herrschaften verbinden wirst; oder, indem du Untergebene gut regierst, mit den Fürstentümern herrschen wirst; oder als einer, der dem Dämon widersteht, in der Ordnung der Gewalten erstrahlst; oder im Vollbringen von Wundern durch die Züchtigung des Fleisches in der Ordnung der Kräfte dich ansiedelst; oder zu den Erzengeln gezählt werden wirst, indem du andere über Höheres belehrst; oder, indem du Kleineres verkündest, bei den Engel einen Platz findest.

MICHAEL UND DIE GEISTIGE SCHULUNG DES MENSCHEN – EINE AUSLEGUNG DER MICHAEL-PREDIGT

Thomas von Aquin (1225 – 1274) beginnt seine Schrift «Vom Wesen der Engel» (De substantiis separatis) mit den Worten: «Wir dürfen die Zeit der Andacht nicht müßig verstreichen lassen, weil wir bei den heiligen Engelfesten nicht anwesend sein können; vielmehr soll durch die Mühe des Schreibens aufgewogen werden, was dem Dienst des Gesangs abgeht.»[40] Thomas nimmt also «Engelfeste» zum Anlaß, um sein (nicht vollendetes) Werk über die Engel zu verfassen; die aufgeschriebene Gedankenführung soll an die Stelle des Lobgesangs für die Engel treten. Alanus ab Insulis beginnt seine Predigt zum Michael-Tag mit einer Zeile eines Engelgesangs: «Dich, heiliger Gott, preisen in den Höhen die Engel.» Diese Ausgangspunkte des Thomas und des Alanus machen spürbar, daß in beiden Fällen eine gedankliche Annäherung an die geistigen Hierarchien angestrebt wird, die das im Kultus, im Gesang und durch die Festeszeit gegebene innere Erleben mit einschließt.

Zum Aufbau der Predigt

Die Michael-Predigt des Alanus läßt eine klare Gliederung erkennen; es handelt sich um einen wohlstrukturierten Aufbau, der innere Stimmigkeit mit einer Steigerung in der Ansprache des Hörers verbindet. – Nach dem Zitat des Engelgesangs folgt eine Erwähnung der gesamten kosmischen Wirklichkeit in einer Stufenfolge: «O wunderbare Erhabenheit der Göttlichkeit, die die Engel in den Höhen preisen, die Menschen auf der Erde bekennen; die die unbeseelten Dinge verkünden, die Könige anbeten.» Damit wird, ausgehend von dem Schöpfer, die Ordnung der Schöpfung als Gliederung in die Bereiche der «Höhen» und der «Erde» angesprochen. In den «Höhen» existieren die Engel, auf der «Erde» leben die Menschen; dort befinden sich auch die «unbeseelten Dinge», und es herrschen die «Könige». Die gesamte Ordnung der Schöpfung ist auf die Offenbarung des Schöpfers hingeordnet: die «Göttlichkeit» wird gepriesen, bekannt, verkündigt und angebetet.

Nach diesem kosmologischen Hymnus charakterisiert Alanus die Beziehung von Engel und Mensch und gibt damit das Gesamtthema seiner Predigt an. Hier wird am Ende des ersten Absatzes deutlich, daß bestimmte geistige Unterschiede zwischen Engel und Mensch bestehen. Der weitere Verlauf der Predigt zeigt aber, daß die geistige Entwicklungsaufgabe für den Menschen gerade darin liegt, diese Unterschiede zu überwinden. – Die Nuancierungen dieser Verhältnisbestimmung ergeben sich aus den verwendeten lateinischen Begriffen und ihrer Klangähnlichkeit (species, spes, specular, speculum); eine das Sprachspiel des Alanus nachahmende Übersetzung ins Deutsche ist leider nicht möglich.

Ähnliches gilt auch für die Übersetzung der Fortführung dieses Themas im zweiten Absatz. Alanus beschreibt hier die Beziehung von Engel und Mensch im Hinblick auf ihre Gottesabbildlichkeit. In dem Verhältnis von Engel und Mensch zu Gott besitzen beide *Bildcharakter*. Alanus geht also von einem Bildaspekt aus, indem er gleichsam von oben blickt und sowohl die Engel als auch den Menschen als bildhafte Darstellungen Gottes beschreibt.

Diesen Bildaspekt überführt er im dritten Absatz in eine Betrachtung der *Kraftseite* («O wunderbare Kraft der Engel»). Nun steht nicht mehr die Beziehung von Engel und Mensch zu Gott, sondern das Verhältnis zwischen Engeln und Menschen im Vordergrund. Vom Menschen aus gesehen stellt sich der Engel als Kraft dar: als eine Kraft, die in verschiedener Hinsicht unterschieden und gegliedert werden kann. «Die *Ordnung* gliedert diese Kraft, die *Würde* unterscheidet sie, die *Weisheit* umschließt sie, die *Aufgabe* verteilt sie.» Dann gibt Alanus noch weitere Gliederungsaspekte an: Befehlen und Gehorchen, Lehren und Lernen. Aus all diesen Gesichtspunkten ergeben sich die neun Hierarchien geistiger Wesenheiten. Hier zeigt sich auch, daß der Begriff «Engel» bislang als übergreifende Bezeichnung aller hierarchischen Stufen verwendet wurde. Der Hinweis auf die Gliederung in die Hierarchien zeigt zugleich auch an, was Alanus weiter in der Predigt entfalten wird, nämlich die Einteilung der verschiedenen Stufen unter dem Aspekt der geistigen Kraft.

Die folgenden Absätze bleiben weiter bei dem Kraftaspekt, beziehen ihn jetzt aber direkt auf den Menschen und bringen zum Ausdruck, wie die Kraft der Engel auf den Menschen wirken kann. Diese Kraft wirkt im Menschen beispielsweise als Lehre oder Anleitung, Gott zu erkennen, ein vernünftiges Urteil auszubilden oder Menschen zu leiten. Aber es kommt noch eine weitere Betrachtungsrichtung hinzu: wenn der Mensch diese Anleitung oder Führung der Engel annimmt, kann er in Zukunft die entsprechende Kraft in sich selbst ausbilden. Der Mensch kann also die Kraft, mit der der Engel zunächst auf ihn wirkt, in sich selbst entwickeln.

In diesem Hinweis besteht die entscheidende Aussage der Predigt. Alanus faßt sie im letzten Absatz noch einmal zusammen, wenn er den Hörer bzw. Leser direkt mit den Worten anspricht: «Arbeite also, o Mensch». Hier bringt Alanus unmißverständlich zum Ausdruck, daß der Mensch bestimmte geistige Tätigkeiten entfalten muß, um aus dem Bereich der *Kraftwirkung* in die Region der *Kraft selbst* übergehen zu können.

Wenn der Mensch sich aber geistig in die Hierarchien der Engel hineinentwickelt, so verändert sich damit auch die Schöpfungsordnung; das Bild dieser Ordnung, mit der Alanus seine Predigt begann, verwandelt sich also durch geistige Tätigkeit des Menschen. Am Ende dieser Entwicklung stehen sich Engel und Mensch nicht mehr gegenüber, sondern sie gehören demselben Reich an. Die Beziehung von «Höhen» und «Erde», die Alanus zu Beginn der Predigt erwähnt, wird dann eine andere geworden sein.

Am Ende der Predigt steht der Aufstieg des Menschen in den Bereich der geistigen Hierarchien; sein Gegenbild ist der Fall Luzifers, den Alanus eingangs erwähnt hatte. – Insgesamt zeigt Alanus' Ansprache demnach eine Bewegung, die man als Übergang von dem Bild zur Kraft durch geistige Entwicklung bezeichnen kann: innere Anschauung verbindet sich mit Erleben und Tätigkeit.

Das Michael-Motiv

In dem Übergang vom Bild (Anschauung) zur Kraft (Erleben, Tätigkeit) begegnet auch das eigentlich michaelische Motiv der Predigt. Es fällt auf, daß der Erzengel Michael in dieser Predigt zum Michael-Tag namentlich überhaupt nicht genannt wird. So muß man sich fragen, ob *Aufbau* und *Inhalt* der Ausführung ein michaelisches Prinzip erkennen lassen. Dabei zeigen Struktur und Gliederung den Übergang vom Bild zur Kraft als Hauptmotiv der Predigt; weiter wäre zu fragen, wie diese Beziehung inhaltlich genauer gefaßt wird.

Im ersten Absatz unterscheidet Alanus Engel und Menschen im Hinblick auf ihre Erkenntnisfähigkeit (die Engel erkennen die Erhabenheit Gottes «im Begriff», die Menschen «sehnen sich nach ihr in ihrer Hoffnung»; die Engel schauen diese Erhabenheit «in dem Fenster ihrer Weisheit», die Menschen erblicken sie lediglich im Spiegel einer «rätselhaften Schau»). Im Hauptteil der Predigt macht Alanus dann deutlich, daß der Mensch durch Entwicklung des Geistes die Erkenntnishöhe der Engel erreichen kann; dabei ist dem Menschen auch der Zugang zu den höchsten hierarchischen Ordnungen nicht verschlossen. Dies ist die entscheidende Aussage; sie kann deshalb als das Michael-Motiv der Predigt zum Michael-Tag gelten. Dieses michaelische Prinzip der Geistesentwicklung nimmt die oben geschilderte Anschauung[41] wieder auf: Es wird eine Zukunft kommen, in der der Mensch von einem rätselhaften Verständnis zur sicheren Erkenntnis gelangt; diese Zukunft wird erreicht sein – so schreibt Alanus in seinem Werk «Quoniam homines» –, wenn der frühere Glaube durch Wissenschaft abgelöst ist. Das wird der Zeitpunkt sein, an dem der Mensch nicht mehr nur «halbvollkommen» erkennt, sondern wie der Engel eine «vollkommene» Erkenntnisart ausgebildet haben wird; darauf hat Alanus in seiner kleinen Schrift mit dem Titel «Hierarchia Alani» hingewiesen.[42] In der Predigt zum Michael-Tag beschreibt Alanus nun den Erkenntnis- und Entwicklungsweg des Menschen durch die hierarchischen Stufen geistiger Wesenheiten hindurch.

Die Predigt enthält implizit noch weitere Merkmale dieses Michael-Prinzips, die seine genauere Bestimmung ermöglichen. So ist die Beschreibung der geistigen Hierarchien auf die *menschliche Zukunft* bezogen, und zwar in zweifacher Hinsicht. Die Charakterisierung der verschiedenen Ordnungen enthält erstens die Aufgabe der jeweiligen hierarchischen Stufe dem Menschen gegenüber; zweitens wird bei jeder einzelnen Ordnung darauf hingewiesen, daß der Mensch in seiner geistigen Entwicklung eben diese Stufe erreichen kann – in einer Zukunft, die davon abhängt, ob es dem Menschen gelingt, die entsprechende geistige Kraft in sich hervorzubringen. Alanus stellt also nicht dar, was die Engel *sind*, sondern er beschreibt sie als Entwicklungsstufen einer geistigen Zukunft des Menschen – darin liegt offenbar das entscheidende michaelische Motiv seiner Ausführungen.

Im Hinblick auf diese Geistesentwicklung erscheinen alle hierarchischen Stufen als geistiges Vorbild des Menschen. Dieser fragt nicht nach den Hierarchien, um zu erfahren, was sie *sind*; vielmehr versucht er herauszufinden, was er durch sie *lernen* kann. Bei verschiedenen hierarchischen Stufen spricht Alanus direkt an, daß sie den Menschen ihre spezielle Geisteshaltung lehren, durch die sie sich von den anderen Graden unterscheiden. Aber auch diejenigen Charakterisierungen, in denen nicht vom «Lehren» die Rede ist, lassen erkennen, daß der Mensch durch das

Vorbild geistiger Wesenheiten lernen kann. So wird nicht der *Seinsaspekt*, sondern der *Erkenntnisaspekt* der Hierarchienanschauung im Hinblick auf den Menschen hervorgehoben.

Schließlich läßt sich das michaelische Prinzip als ein bestimmter Zusammenhang von Erkenntnis bzw. Geistesentwicklung und Sein des Menschen bestimmen. Alanus blickt auf verschiedene Stadien einer Zukunft hin, in der der Mensch die Stelle der geistigen Hierarchien erreichen kann. Der Mensch entwickelt sich in die jeweilige geistige Wirklichkeit der verschiedenen Stufen hinein und *ist* dann dieser geistigen Ordnung *in seiner Existenz* gleich. Geistesentwicklung führt ihn also in eine neue Seinswirklichkeit. In diesem Sinne besteht das Michael-Prinzip darin, eine geistige oder Erkenntnisqualität in eine Seinsqualität überzuführen – mit anderen Worten: aus *Erkenntnis* geistiges *Sein* hervorgehen zu lassen.

Die Hierarchienanschauung des Alanus

Alanus betrachtet die überlieferte Hierarchienlehre als Entwicklungsaufgabe für den Menschen; deshalb beschließt er seine Darstellung mit den Worten «Arbeite also, o Mensch». Damit bringt er implizit zum Ausdruck, daß eine Abhandlung über die Hierarchienstufen, die nur ein Wissen über Engel vermittelt, nicht sein Anliegen ist. Vielmehr kann der Mensch eine wirkliche Erkenntnis des Engels nur erreichen, wenn er ein solches Wissen als geistige Entwicklungsaufgabe für sich selbst begreift; eine Erkenntnis im hierarchischen Bereich darf nicht ohne Seinskonsequenz für den Menschen bleiben. Ein «theoretisches» Wissen, das aus einer Vermittlung überlieferter Hierarchienlehre hervorgeht, hat nur dann Bedeutung, wenn es der Mensch zur Schulung des Geistes verwendet.

In diesem Zusammenhang wird eine geistesgeschichtliche Beobachtung verständlich, die die Bedeutung des Alanus für die Entwicklung der traditionellen Hierarchienlehre zeigt. Was Alanus *inhaltlich* über die verschiedenen hierarchischen Ordnungen sagt, ist geistesgeschichtlich nicht neu. Wie es in der mittelalterlichen Theologie und Philosophie allgemein üblich war, hat Alanus die Beschreibungen aus der Überlieferung übernommen. Seine Darstellung enthält Elemente der Hierarchienlehre, die auf Dionysios Areopagita (1. nachchristliches Jahrhundert)[43] zurückgeht und etwa um das Jahr 500 eine schriftliche Form gefunden hat. Vor allem aber schließt Alanus an eine Beschreibung der hierarchischen Ordnungen in einer Evangelienauslegung von Gregor dem Großen (etwa 540 – 604) an.[44] Auch die Ausführungen Gregors gehen von der Hierarchienschrift aus,[45] die auf Dionysios Areopagita zurückgeführt wird. Dennoch handelt es sich bei diesem Verfahren inhaltlicher Übernahme nicht um eine bloße Rezeption. Denn es war in der älteren Theologie durchaus möglich, Anschauungen von einem anderen Verfasser (auch fast wörtlich) zu übernehmen, ohne ihn einfach nachzuahmen.

So steht Alanus mit seinen Aussagen durchaus in der genannten Tradition, aber er fügt ihr den Aspekt geistiger Entwicklung hinzu. Indem er Aussagen über die hierarchische Ordnung als geistige Entwicklungsaufgabe für den Menschen begreift, trägt er einen michaelischen Aspekt in die ältere christliche Hierarchienüberlieferung hinein. Der geistesgeschichtliche Beitrag des Alanus zu einem Hierarchienverständnis besteht in seiner Bestimmung des Verhältnisses von menschlichem Geist und Engel bzw. von Erkenntnis und geistigem Sein.

Die geistigen Stufen

Wie es in der überlieferten Hierarchienanschauung üblich war, blickt Alanus gleichsam von oben, aus der Perspektive der göttlichen Trinität auf die hierarchischen Ordnungen. Er schildert zunächst die höchste hierarchische Stufe, die Ordnung der Seraphim. Dabei legt er den hebräischen Pluralbegriff «Seraphim» als «brennend» aus, und er charakterisiert diese Ordnung als innerhalb der Hierarchien Gott am nächsten stehend. Alanus blickt weiter auf das *Sein* dieser Stufe, wenn er ausführt, daß sie «außerordentlich in der Liebe zu Gott erglüht». Seine Darstellung beginnt aber nicht mit den Seinsaspekten, sondern mit *Aufgabe* der Seraphim, und zwar im Hinblick auf die Menschen: sie laden diese zur «Liebe Gottes» ein. Am Ende der Schilderung folgt der entscheidende Hinweis, daß die Menschen sich selbst zu dieser höchsten hierarchischen Ordnung hinentwickeln können, zu «ihr gehören», wenn sie sich befreien. Durch Kontemplation, d. h. innere Schau oder Betrachtung können sie *frei werden* – es handelt sich also um eine Befreiung durch geistige Tätigkeit. Aus der Freiheit ergibt sich dann die Fähigkeit, Gott zu lieben.

Auch bei der Schilderung der folgenden hierarchischen Stufen behält Alanus diesen Aufbau bei; er nennt zunächst die Aufgabe der jeweiligen Ordnung gegenüber dem Menschen, beschreibt dann den charakteristischen Seinsaspekt und weist schließlich darauf hin, wie die menschliche Geistesentwicklung die geistige Höhe der entsprechenden hierarchischen Stufen erreichen kann. Die Beschreibung des Seins der Engelwesen ist also umrahmt von zwei Aspekten ihrer Beziehung zum Menschen. Der erste Aspekt bringt zum Ausdruck, wie die betreffende Ordnung auf den Menschen wirkt; der zweite Aspekt beschreibt gleichsam die Antwort des Menschen auf dieses Wirken, und zwar als eine geistige Nachahmung der jeweiligen hierarchischen Kraft – mit dem Ziel, sie vollständig in sich auszubilden und damit dieser Ordnung eingegliedert zu werden.

Es ist sehr bedeutsam, daß die Hierarchien durch diese Darstellungsart nicht als ein geistiges «Objekt», sondern als auf den Menschen wirksame geistige Kraft und als Entwicklungsaufgabe erscheinen. Darin klingt ein wichtiger Grundsatz der Engelerkenntnis an: Der Mensch kann die Hierarchien nur insofern *erkennen*, als er zu ihnen hin geistig *wird*. Erkenntnissubjekt und Erkenntnisobjekt können in diesem Wirklichkeitsbereich nicht in derselben Weise getrennt bleiben wie in der sinnlich wahrnehmbaren Wirklichkeit. So bringt Alanus hier implizit zum Ausdruck, was Thomas von Aquin zwei Generationen später in die Worte faßt: «In Bereichen, die von der Materie getrennt sind, ist das Erkennende und das dasjenige, was erkannt wird, ein und dasselbe.»[46] Der Mensch, der die Hierarchien erkennt, wird geistig zu dem Engel, den er denkt.

Auch die zweite hierarchische Ordnung hat gegenüber dem Menschen die Aufgabe «einzuladen». Es fällt auf, daß der Mensch zur Liebe Gottes und zur Erkenntnis Gottes *eingeladen* wird, während er beispielsweise zur Ausbildung eines «vernünftigen Urteils» *belehrt* wird. Die zweite Ordnung lädt zur Erkenntnis Gottes ein. Es handelt sich offenbar um eine Erkenntnis Gottes, die nicht gelehrt werden kann; vielmehr muß der Mensch sie selbst erlangen: durch Intuition (intuitus) Gottes und Studium der Heiligen Schrift. Beide Tätigkeiten führen zu einer Geisterfüllung und damit zu der Fähigkeit der Schau «göttlicher Geheimnisse». Die Ordnung der Cherubim wird im Hinblick auf ihren Seinscharakter als «Fülle der Erkenntnis» beschrieben.

Die Kraft der *Throne* wirkt in der Ausbildung von Urteilskraft. Gemeint ist «ein vernünftiges Urteil über die Dinge», also keine juristische oder moralische Beurteilung, sondern die richtige Einschätzung und Bewertung der Wirklichkeit. Diese Einschätzung bezieht sich auf «die Dinge», also auf Gegenstände, Gegebenheiten und Tatsachen der Welt. Mit der Nennung der Throne verläßt Alanus den Bereich Gottes und geht zu den irdischen Verhältnissen über; auch die Beschreibung aller weiteren hierarchischen Ordnungen beziehen sich auf Weltverhältnisse. Es steht jeweils im Vordergrund, daß die hierarchischen Stufen den Menschen etwas lehren. Dabei bildet das vernünftige Urteil als die entscheidende Tugend das Fundament für alle weiteren Haltungen und Fähigkeiten, beispielsweise für die Ehrfurcht, die Abwehr von Dämonen und für die Weitergabe von Einsichten. Es ist wichtig festzuhalten, daß die Abfolge der einzelnen hierarchischen Stufen tatsächlich diese grundlegende Aufgabe der vernünftigen Urteilsbildung erkennen läßt; alle weiteren Fähigkeiten beruhen letztlich auf ihr. Auch darin klingt an, welche entscheidende Bedeutung der menschlichen Geistesentwicklung beigemessen wird, selbst für das Wirken von «Wundern».

Die beiden folgenden Charakterisierungen (der «Herrschaften» und «Fürstentümer») beschreiben die Stellung des Menschen in der Mitte. Sie sprechen die Ehrfurcht, also seinen Blick nach oben, und die Fähigkeit zum Regieren, also den Blick nach unten an. Bei der Ehrfurcht handelt es sich um eine innere *Haltung*, das Regieren von anderern zielt auf eine *Fähigkeit*; sowohl die Haltung als auch die Fähigkeit bringt der Mensch nicht mit, sondern er muß sie ausbilden. Darin liegt aber bereits, daß die Ehrfurcht nicht als Unterwürfigkeit und die Fähigkeit zu Regieren nicht als Überheblichkeit mißverstanden werden darf. Denn es geht hier nicht um die Bewertung einer sozialen Rolle, sondern um die innere Entwicklung des Menschen. Diese besteht auch darin, die eigene Stellung als innere Wirklichkeit ausfindig zu machen, d. h. im Hinblick auf Selbstgefühl und Selbsterkenntnis «das rechte Maß» zu wahren (im Sinne der aus dem antiken Griechenland überlieferten und im Mittelalter für die eigene Schulung grundlegenden Maxime «alles mit Maß»).[47]

Die Schilderung der Ordnung der «Gewalten» läßt wieder eine interessante Beziehung zwischen der Kraft dieser hierarchischen Stufe und derjenigen Kraft erkennen, die der Mensch ausbilden kann, um die Höhe dieser geistigen Wesenheiten zu erreichen. Die «Gewalten» haben die Aufgabe, «die Dämonen in Schranken zu halten»; die entsprechende Kraft des Menschen besteht darin, «den Einflüsterungen des Teufels mannhaft zu widerstehen». Die Menschen sollen sich demnach nicht von diesem hierarchischen Grad beschützen lassen, sondern von ihm lernen, den Kampf selbst zu führen. Ähnliches gilt auch für die Stufe der «Kräfte», die Wunder wirken können. Hier ist nämlich weniger entscheidend, daß sie Wunder für den Menschen bewirken, sondern es kommt darauf an, daß der Mensch selbst fähig dazu wird, «im gegenwärtigen Leben» Wunder zu bewirken. Am Ende der Predigt erläutert Alanus kurz, worin diese Wunder bestehen: in der «Züchtigung des Fleisches», also in der Fähigkeit, nach Maßgabe eigener Willenskräfte und nicht aus den Impulsen der (nicht nur physisch-leiblichen) Organisation heraus zu handeln.

Die beiden unteren Ordnungen, Erzengel und Engel, sind auf menschliche Tätigkeiten bezogen, die im weitesten Sinne als Weitergabe von Wissen und Kenntnissen bezeichnet werden können. Die Erzengel verkündigen den Menschen «die göttlichen Geheimnisse», die Engel verkünden

«Kleineres». In Zukunft werden sich Menschen ihre Fähigkeiten aneignen und damit die Stellung dieser hierarchischen Ordnungen gegenüber anderen Menschen übernehmen können. Es fällt auf, daß die Lehre und damit die Weitergabe von Erkanntem, nicht aber die Erkenntnis selbst mit Engeln und Erzengeln in Zusammenhang gesehen werden. Erkenntnis im Sinne von innerer Schau und im Sinne des richtigen Urteils hatte Alanus höheren hierarchischen Graden als Geistesfähigkeit zugeschrieben.

Am Ende seiner Predigt faßt Alanus noch einmal die Entwicklungsschritte der geistigen Zukunft des Menschen zusammen. Er spricht jetzt den Hörer direkt an und stellt ihm für jede einzelne hierarchische Ordnung deren Seinscharakter als geistige Entwicklungsaufgabe vor Augen: die hierarchische Kraft, die im Moment noch auf den Menschen wirkt, soll dieser in Zukunft selbst in sich hervorbringen und damit die Stellung der entsprechenden Hierarchie im Kosmos erreichen. Die Eindringlichkeit der letzten Predigtworte macht deutlich, daß nun alles davon abhängt, wie der Mensch die Möglichkeit zu einer solchen Fähigkeitsbildung in sich verwirklicht. Die «Menschheit» erreicht die entsprechenden geistigen Entwicklungsstufen nur insofern, als jeder einzelne in eben dieser Richtung an sich arbeitet: «Arbeite also, o Mensch».

Bild und Kraft

Das Michael-Prinzip der Predigt zeigt sich insbesondere in der Beziehung von Bild (Seinsaspekt der jeweiligen hierarchischen Ordnung) und Kraft (zunächst Wirkung der geistigen Ordnung auf den Menschen, dann Ausbildung dieser

Fähigkeiten durch den Menschen selbst). Der Mensch bleibt nicht bei einer Erkenntnis oder Anschauung der Hierarchien stehen, sondern er verwandelt das überlieferte Bild der höheren geistigen Ordnungen in eigene Geisteskraft. Damit befähigt sich der Mensch allmählich selbst, sich den hierarchischen Stufen einzugliedern – eine Betrachtung der Menschheitszukunft, wie sie drei Jahrhunderte vor Alanus auch im Werk des Johannes Scotus Eriugena erscheint. Eriugena blickt auf eine Menschheitszukunft hin, in der «die menschliche Natur nicht nur den neun Ordnungen der Engel gleich geworden ist, sondern es auch keine Ordnung der Engel gibt, der die menschliche Natur nach ihrer Wiederherstellung entsprechend den geistigen Stufen nicht eingefügt würde, bis sie in Vollkommenheit den zehnten Teil des himmlischen Staates vollzählig macht, wie Dionysios Aereopagita in seinem Buch über die himmlische Hierarchie bezeugt».[48] Eriugena beschreibt hier das Ende der Welt, die Auferstehung des Menschen und die «Rückkehr der menschlichen Natur» zu Gott. Er verwendet Bilder der christlichen Überlieferung, um diese Zukunft auszumalen. Aus heutiger Sicht kann Eriugenas Perspektive als geistesgeschichtlicher oder kosmischer Entwicklungsgang gedacht werden, als Beschreibung von geistigen Entwicklungsmöglichkeiten des Menschen. Dem Denken seiner Zeit entsprechend konnte Eriugena im 9. Jahrhundert noch nicht von *Entwicklungs*schritten der Menschheit sprechen; vielmehr wies er auf *Verwandlungs*schritte hin, die der Mensch in der Erdenzukunft durchmachen wird; diese Schritte können heute als die von Alanus geschilderte Entwicklung in den Bereich der Engel hinein aufgefaßt werden, d. h. als allmähliche Aneignung ehemals hierarchischer geistiger Kraft.[49]

Vor diesem Hintergrund ist auch folgende Aussage des Johannes Scotus Eriugena zu verstehen: «Gott wohnt nicht anderswo als in der Natur des Menschen und des Engels, denen allein die Betrachtung der Wahrheit geschenkt wird. Und wir dürfen diese beiden Naturen nicht als zwei Häuser auffassen, sondern als ein und dasselbe Haus, das aus zwei geistigen Materien erbaut ist.»[50] Die «Natur» (das Wesen) des Engels und des Menschen werden zwar unterschieden, aber doch als *ein* «Haus» aufgefaßt, in dem Gott wohnen soll. Beide Naturen gehören zusammen, weil sie die Wahrheit erkennen können – deshalb sind sie zur Wohnstätte Gottes geeignet. Sie sind sich sehr nahe, aber nicht identisch, sondern zwei «geistige Materien». Der Unterschied besteht im Sinne des oben Dargestellten darin, daß der Mensch zunächst noch als geistiges Anschauungsbild in seiner Erkenntnis entwickelt, was der Engel bereits als geistige Kraft besitzt. Aber dem Menschen ist die Möglichkeit eröffnet, in Zukunft auch die entsprechende geistige Kraft auszubilden und so den hierarchischen Stufen nach und nach eingegliedert zu werden.

Alanus vollzieht den Übergang vom Bild zur Kraft am Anfang seiner Predigt zum Michael-Tag. Was die Engel «im Begriff» erkennen, danach sehnen sich die Menschen «in ihrer Hoffnung»: die Menschen hoffen auf eine Zukunft, in der ihre Erkenntnis die Höhe der geistigen Hierarchien erreicht haben wird. Die folgenden Aussagen des ersten Absatzes beschreiben den gegenwärtigen Unterschied zwischen Engel und Mensch. Von dieser Differenz ist dann auch im zweiten Absatz die Rede; hier werden Zeichen, Abbild, Bild und Kennzeichen gegenübergestellt. Bereits diese Begriffe machen deutlich, daß der zweite Absatz die *Bildebene* zum Thema hat. Dabei wird Christus als das Abbild des Vater-Gottes bezeichnet, die Engel erscheinen als Zeichen Gottes, der Mensch als Bild Gottes und schließlich die Ordnung des Geschaffenen als Kennzeichen Gottes. In gewisser Hinsicht zeigt sich die gesamte Wirklichkeit als Stufenordnung der *Abbildlichkeit* Gottes. Auf dieser Bildebene unterscheidet sich der Mensch eindeutig vom Engel, wie er hier auch gegenüber dem übrigen Geschaffenen differenziert ist.

Der nächste Absatz aber beginnt mit dem Ausruf «O wunderbare *Kraft* der Engel». Innerhalb der Predigtgliederung leitet dieser Absatz zur Darstellung der einzelnen hierarchischen Ordnungen über. Mit ihm verläßt Alanus die Bildebene und spricht von nun an bis zum Ende der Predigt von dem *Kraftaspekt*. In dieser Perspektive der Kraft kann der Mensch den einzelnen hierarchischen Stufen in Zukunft geistig gleich werden; auf der Ebene des Bildes dagegen bleibt die Unterschiedenheit. Die in dem vorangegangenen Absatz genannten Wirklichkeitsstufen stellen sich unter dem Kraftaspekt anders dar; sie werden jetzt als *Tätigkeit*, nicht mehr als Anschauungsweise (Bild) Gottes charakterisiert. In dem vorangegangenen Absatz erschienen die Engel als Zeichen Gottes; jetzt wird die Kraft der Engel als Dienerin Gottes, also in einer Tätigkeit beschrieben. Diese Kraft ist nicht Abbild der Geheimnisse Gottes, sondern sie *offenbart* dieses Verborgene. Auf der Stufe des Geschaffenen erscheint die Kraft nicht als Kennzeichen Gottes, sondern sie «widersetzt sich den Gesetzen der Natur», stellt sich also in ihrer Tätigkeit regelrecht gegen das in der Kreatur abbildhaft Gegebene. Auch die übrigen Merkmale dieser Kraft, die Alanus aufzählt, kennzeichnen im Unterschied zu dem vorangegangenen Absatz kein *Sein*, sondern ausschließlich *Wirkungsweisen*. Es kommt hier also ein Wirklichkeitsaspekt zur Darstellung, der nur zugänglich ist, wenn geistige Tätigkeit gedacht werden kann. Nur aus dieser Perspektive kann die geistige Höherentwicklung des Menschen auf den verschiedenen hierarchischen Stufen begriffen werden: als Verwirklichung bestimmter geistiger Tätigkeiten.

Diese geistigen Tätigkeiten erscheinen in dem dritten Absatz der Predigt als Dienen, Beraten, Wunderwirken, Offenbaren, als ein Widerstreben gegen Gesetzmäßigkeit, als Einschränken, Lehren und Urteilen; hinzu kommen das Schöpfen aus der Weisheit, das Bewirken von Liebe, die Anteilnahme durch Mitleiden und Mitfreuen («beglückwünschen»). An diesen Beschreibungen wird deutlich, daß es sich um eine Kraft handelt, die zwischen der Kraft Gottes einerseits und der Kraft des Menschen und der Natur andererseits anzusiedeln ist. Sie dient einerseits Gott, andererseits berät sie die Menschen und bewirkt Wunder, widersetzt sich den Naturgesetzen. Indem sie die «Mächte der Luft» einschränkt, wirkt sie auch zwischen den (mit diesem Begriff bezeichneten) dämonischen Kräften und der menschlichen Kraft. Der Wirkungsbereich dieser geistigen Kraft der Engel reicht bis in die seelische Wirklichkeit des Menschen hinein, wenn sie die Liebe, das Mitleid und die Anteilnahme entflammen kann.

Nachdem Alanus so die Wirkungsweise der hierarchischen Kraft beschrieben hat, betrachtet er in einem zweiten Schritt ihre Strukturierung. Sie wird durch eine Ordnung gegliedert, nach Würdigkeit differenziert, von Weisheit umschlossen und durch verschiedene Aufgaben auf die unterschiedlichen Wirklichkeitsbereiche verteilt. Damit sind zugleich auch *Erscheinungsweisen* der geistigen Kraft genannt; sie offenbart sich als Ordnung (also in einer bestimmten Gliederung) und als Würdigkeitsstufung (entsprechend der Verschiedenheit der jeweiligen Entwicklungshöhe); daneben erscheint sie gleichsam als «Inneres» der Weisheit, von der sie umschlossen wird, d. h. sie ist aufzufinden, wo Weisheit erlebt werden kann; schließlich ist sie an ihrer Aufgabenverteilung zu erkennen, d. h. sie stellt sich dar, wenn unterschiedliche geistige Notwendigkeiten gedacht werden können.

Insgesamt kann die hierarchische Kraft als eine Stufenfolge gelten, in der jede Ebene jeweils *nach oben und nach unten ausgerichtet* ist: «Bei den Engeln gibt es einige, die befehlen, andere, die gehorchen; die einen unterweisen, die anderen werden unterwiesen.» Die letzten Aussagen dieses Absatzes machen deutlich, daß die hierarchische Gliederung der Engelwirklichkeit nicht unter dem Aspekt der Anschauung oder des Bildes, sondern nur unter dem Kraftaspekt begriffen werden kann. Alanus sagt: «*Daher* werden die Engel nach neun Hierarchien unterschieden, also in neun Ordnungen gegliedert»; damit bringt er zum Ausdruck, daß es sich um eine Struktur der Kraft nach, nicht um eine von der Kraft abzulösende Seinsstufung handelt. Wenn Alanus dann diese Stufenfolge als «Hierarchien der heiligen Herrschaft» charakterisiert, verwendet er wiederum eine Tätigkeitsbezeichnung: «Herrschaft» ist die Wirkungsweise der hierarchischen Stufen und bezeichnet deren Tätigkeitsorientierung jeweils nach oben und nach unten. – So führt Alanus den Kraftaspekt ein, unter dem alle folgenden Beschreibungen zu betrachten sind: in der geistigen Kraft kann der Mensch auf neun Stufen dem Engel gleich werden.

III.

MICHAEL-ZUKUNFT

Alanus ab Insulis trägt in der geschilderten Weise einen Michael-Aspekt in die überlieferte Hierarchienlehre hinein: er verbindet die Hierarchienanschauung mit der menschlichen Geistesentwicklung; so erschließt er die Zukunftsdimension der älteren Überlieferung von den geistigen Wesenheiten. Der Mensch kann sich aber nicht allein geistig entwickeln; mit ihm verändert sich auch der Zusammenhang der neun hierarchischen Ordnungen – die Einfügung des Menschen in die verschiedenen hierarchischen Stufen kann für diese nicht ohne Wirkungen bleiben. Umgekehrt entsteht der «geistige Raum», der den Menschen im Engelbereich aufnehmen kann, erst durch die Weiterentwicklung geistiger Wesenheiten.

Michael und die Geister der Form

In einer kleineren Auslegungsschrift zur Engellehre (Expositio prosae de angelis) führt Alanus aus, daß der Mensch von Erzengeln zu den Bewohnern des Paradieses geführt wird, «also in die Gemeinschaft der Engel und Heiligen».[51] Die bisherigen Betrachtungen haben ergeben, daß diese

Führung in der menschlichen Geistesentwicklung besteht, sofern sich der Mensch durch immer höhere Erkenntnisstufen die Hierarchien erschließt. In seiner Textauslegung spricht Alanus nun weiter davon, daß Michael die «Herrschaft (principatus) unter den Himmelsbewohnern innehabe».[52] Michael wird in dem Text, den Alanus hier erläutert, als «satrapa» bezeichnet: Alanus weist darauf hin, dieser Begriff bedeute dasselbe wie princeps, d. h. Fürst oder Herrscher (des Himmels). Wichtig ist hier, daß die Begriffe Fürst oder Herrscher (princeps) bzw. Fürstentum oder Herrschaft (principatus) auf den Erzengel Michael bezogen werden.

An einer anderen Stelle derselben Schrift führt Alanus aus, daß eine hierarchische Ordnung die Aufgabe habe, den Menschen im Hinblick auf die *richtige Form* zu ermahnen, ihm die «Form der Ehrfurcht» nahezulegen.[53] Die Engelordnung mit dieser Aufgabe werde als principatus, also als Herrschaft bezeichnet. «Wie es nämlich in den Staaten gewisse Herrscher gibt, die die Untergebenen zur Ehrfurcht und zur Form der Ehrfurcht ermahnen, so weist auch diese Ordnung, wie bereits ausgeführt wurde, die Menschen auf die Form der Ehrfurcht hin.»[54] Die Ordnung der principatus gehört aber zur zweiten Hierarchie, während die Erzengel, also auch Michael, der dritten Hierarchie (also der dem Menschen am nächsten gelegenen) angehören. Betrachtet man beide Aussagen der Auslegungsschrift nebeneinander – Alanus selbst verbindet sie nicht ausdrücklich –, so ergibt sich ein eigentümlicher Zusammenhang des Erzengels Michael mit Geistwesen, die einer höheren hierarchischen Stufe angehören und als *formgebende Geister* oder als Herrschaften bzw. Fürstentümer bezeichnet werden, wenn man die älteren christlichen Namen verwenden will.

Michael gehört zur Ordnung der Erzengel; über den

Erzengeln stehen (noch innerhalb der dritten Hierarchie) die Archai, die im Werk Rudolf Steiners auch Geister der Persönlichkeit genannt werden.⁵⁵ Über den Archai befindet sich die zweite Hierarchie mit ihren drei Ordnungen, zu denen (um den Begriff Rudolf Steiners zu verwenden) auch die *Geister der Form* gehören. Nun gibt es im Werk Rudolf Steiners Stellen, an denen deutlich wird, daß Aufgaben der Geister der Form zunehmend von Geistern der Persönlichkeit übernommen werden, und zwar gerade im gegenwärtigen Zeitpunkt der Menschheitsentwicklung. Diesen Fortschritt in der hierarchischen Wirklichkeit kann man auch als Aufstieg der Geister der Persönlichkeit, als ihre Weiterentwicklung betrachten. Außerdem weist Rudolf Steiner darauf hin, daß Michael Aufgaben der Geister der Persönlichkeit übernimmt – damit stellt sich ein Zusammenhang zwischen Michael, der sich zunächst noch auf der Erzengelstufe befindet, und den Geistern der Form (in der älteren christlichen Überlieferung die principatus) her, deren geistiger Tätigkeitsbereich von Geistern der Persönlichkeit übernommen wird.⁵⁶ Es ist außerordentlich interessant, daß in der genannten Auslegungsschrift des Alanus implizit eine Beziehung zwischen Michael und den Geistern der Form hergestellt wird, ohne allerdings auf diesen Zusammenhang deutend einzugehen.

Michael und der Schutzengel

So steht Michael in einer Entwicklungsbeziehung zu höheren hierarchischen Stufen; sein Verhältnis zu den geistigen Wesenheiten niedrigerer Stufen läßt sich in ähnlicher Weise beschreiben. Auch hier ist es weniger entscheidend, eindeutige Seinsverhältnisse zwischen den verschiedenen Ordnungen zu charakterisieren; vielmehr kommt es darauf an, einen Entwicklungszusammenhang zwischen den Stufen in den Blick zu nehmen, und zwar wiederum ausgehend von der Geistesentwicklung des Menschen. Wie im ersten Kapitel dieser Arbeit beschrieben wurde, stellt Alanus die Beziehung des Menschen zu seinem Schutzengel so dar, daß dieses Verhältnis als Möglichkeit zu geistiger Höherentwicklung des Menschen spürbar wird:[57] ob der Schutzengel den Menschen leitet und beschützt, hängt letztlich vom Menschen selbst ab. Der Schutzengel leitet den Menschen, soweit es in seiner Macht liegt; der Mensch aber muß diesen Schutz Wirklichkeit werden lassen.

Diese Beschreibung macht deutlich, daß der Mensch trotz der Schutzengelführung die Freiheit zu geistiger Höherentwicklung und Eigenständigkeit besitzt. In der Beziehung zum Schutzengel ist ein geistiger Freiraum gegeben, den der Mensch allmählich zu immer größerer geistiger Unabhängigkeit von seinem Schutzengel ausgestalten kann. So ist auch in der Beziehung des Menschen zu seinem Schutzengel das Michael-Prinzip geistiger Höherentwicklung zu bemerken, wenn man die betreffenden Andeutungen des Alanus weiterdenkt. Dann ergibt sich, daß durch den Menschen eine ganz bestimmte Beziehung zwischen Michael und dem Schutzengel hergestellt wird. Durch das Wirken des michaelischen Prinzips in der menschlichen Geistesentwicklung wird der Mensch von seinem Schutzengel zunehmend unabhängig. Mit anderen Worten: in gewisser Hinsicht nimmt Michael allmählich die Stellung des Schutzengels in der menschlichen Geistesentwicklung ein.

In der «Summe der Theologie» des Thomas von Aquin klingt ein knappes Jahrhundert nach Alanus ein ganz ähnlicher Zusammenhang von Michael und den «Fürstentümern» bzw. «Herrschaften» (principatus) an wie in der oben genannten Auslegungsschrift des Alanus. Außerdem ergibt sich ein bestimmter Bezug Michaels zur geistigen Individualität des Menschen – fast eine Andeutung, daß Michael an die Stelle des individuellen Schutzengels treten könnte. Durch die Beziehung Michaels zur geistigen Individualität des Menschen wird auch spürbar, wie der Aufstieg Michaels in die Ordnung der Geister der Persönlichkeit (Archai) gedacht werden kann. Michael erhält eine besondere Beziehung zur geistigen Individualität, also zu derjenigen «Persönlichkeit» des Menschen, als die dieser sich erst selbst geistig hervorbringen muß. Michael wirkt im Menschen nicht geistig persönlichkeitsbildend, sondern Freiraum für eine geistige Individualisierung schaffend, die vom Menschen selbst vollzogen werden muß.

Thomas schreibt: «Gottes Vorhersehen verhält sich anders zu den Menschen als zu den anderen vergänglichen Geschöpfen, weil sie eine unterschiedliche Beziehung zur Unvergänglichkeit haben. Denn die Menschen sind nicht allein im Hinblick auf die allgemeine Art (species) unvergänglich, sondern auch im Hinblick auf die je eigenen Formen (propriae formae) der einzelnen [Menschen]; diese Formen sind die vernunftbegabten Seelen. Das kann aber von den anderen vergänglichen Dingen nicht gesagt werden. Denn es ist klar, daß sich die Vorsehung Gottes in erster Linie auf dasjenige bezieht, was dauernd bleibt; auf das Vergängliche aber ist die Vorsehung Gottes insofern bezogen, als sie es auf die dauernden Dinge hinordnet. So steht die Vorsehung Gottes zu den einzelnen Menschen in derselben Beziehung wie zu den einzelnen Gattungen oder Arten der vergänglichen Dinge. ... Und es ist anzunehmen, daß den verschiedenen Arten der Dinge verschiedene Engel derselben Ordnung vorangestellt sind. Daher ist auch nachvollziehbar, daß unterschiedlichen Menschen unterschiedliche Engel zum Schutz zugewiesen sind.»[58]

Thomas weist hier darauf hin, daß jedem einzelnen Menschen ein Schutzengel zugeordnet ist. Als Begründung dafür gibt er an, der Mensch sei als vernunftbegabte Seele ein individuelles (seelisch-geistiges) Wesen, während alle anderen vergänglichen Geschöpfe nicht in diesem Sinne individuell sind. Die Individualität wird mit der Unvergänglichkeit in Zusammenhang gebracht: der einzelne Mensch als vernunftbegabte Seele ist unvergänglich, während bei allen anderen vergänglichen Kreaturen nicht das Individuum, sondern die Art bzw. Gattung nicht vergeht. Der einzelne Mensch ist also als seelisch-geistiges Wesen individuell und deshalb mit einem bestimmten Schutzengel verbunden.

Im Mittelpunkt dieser Betrachtung steht wieder die geistige Individualität oder Persönlichkeit des Menschen; diese wird hier auch im Hinblick auf die *ihr eigene Form* (propria forma) betrachtet. Die individuelle geistige Persönlichkeit erscheint als das eigentlich formgebende und wesensbestimmende Prinzip des Menschen. Geistige Individualität (Persönlichkeit) und die Seele als Form der menschlichen Leiblichkeit werden so in einem unmittelbaren Zusammenhang gesehen – wiederum läßt sich eine bestimmte Beziehung im hierarchischen Bereich, in diesem Fall das Verhältnis von Geistern der Persönlichkeit und Geistern der Form annäherungsweise verstehen, wenn man die Blickrichtung vom Menschen her wählt. In menschenkundlicher Einstellung ergeben sich so erste Ansätze für eine Annäherung an bestimmte Entwicklungsvorgänge in den Ordnungen geistiger Wesenheiten: die individuelle (persönliche) Geistseele des Menschen als formgebendes Prinzip spiegelt die Beziehung von Geistern der Persönlichkeit und Geistern der Form.

Kurz darauf stellt Thomas einen Zusammenhang zwischen dem Schutzengel, dem Erzengel Michael und der Ordnung der «Fürstentümer» bzw. «Herrschaften» (principatus) her. Auffälligerweise ist diese Beziehung wiederum durch die geistige Entwicklung des Menschen vermittelt: «... den Menschen [wird] ein doppelter Schutz zugeteilt. Erstens der besondere Schutz, insofern den einzelnen Menschen einzelne Engel zum Schutz zugeordnet sind. Und dieser Schutz kommt der untersten Ordnung der Engel zu .... Das ist offenbar die kleinste Aufgabe der Engel, sich um dasjenige zu kümmern, was zum Heil eines einzelnen Menschen gehört. – Anders ist dagegen der Schutz des Allgemeinen (universale). Dieser vervielfacht sich entsprechend den verschiedenen Ordnungen [der geistigen Wesenheiten]. Denn je allgemeiner ein Handelndes ist, desto höher ist es. So kommt der Schutz der menschlichen Gesamtheit der Ordnung der principatus zu oder vielleicht den Erzengeln, die als Fürsten (principes) der Engel bezeichnet werden. Deshalb wird auch Michael, den wir als Erzengel bezeichnen, einer von den Fürsten (principes) genannt (Daniel 10, 13).»[59] Und gleich anschließend fügt Thomas hinzu: «Es ist wahrscheinlich, daß höhere Engel zum Schutz derjenigen Menschen bestimmt sind, die zu einer höheren Stufe der Ehre (gloria) von Gott erwählt sind.»[60]

Als geistige Individualität wird der Mensch von seinem Schutzengel begleitet; daneben steht der Mensch aber auch unter dem Schutz höherer geistiger Wesenheiten, denen die Leitung von «Allgemeinem» (universale) als Aufgabe zukommt. Eine solche Aufgabe hat etwa der Erzengel Michael, der aber auch mit der höheren Ordnung der principatus, also den Geistern der Form, in Zusammenhang zu sehen ist. An diese Darstellung schließt Thomas unmittelbar den Hinweis an, daß Menschen auf einer höheren Entwicklungsstufe auch von höheren Engeln beschützt werden –

so klingt zumindest zwischen den Zeilen an, daß Michael für den Menschen Aufgaben des Schutzengels übernehmen kann, und zwar in Abhängigkeit von der geistigen Höherentwicklung des Menschen.

Thomas' Beschreibung läßt implizit auch erkennen, daß diese Beziehung Michaels zur sich entwickelnden geistigen Individualität des Menschen davon abhängt, wie der Mensch als geistige Individualität zu dem Allgemeinen (universale) steht, wie er in seiner Geistesentwicklung Individualität und Allgemeinheit verbinden kann. So erscheint die geistige Individualität des Menschen als derjenige Punkt, an dem sich Besonderes (particulare) und Allgemeines (universale) berühren. Die Beziehung Michaels zum Menschen bestimmt sich nach Maßgabe der menschlichen Entwicklung in diesem Berührungspunkt.

Michael und geistige Individualität

Eine eigenartige Beziehung Michaels zum Schutzengel und zur geistigen Individualität des Menschen findet sich im Werk des griechischen Denkers Origenes (etwa 185-254). Dieses frühe Zeugnis scheint darauf hinzuweisen, daß es in einer bestimmten Linie der christlichen Überlieferung von Anfang an eine gewisse Kenntnis oder zumindest Überlegungen zu dem oben besprochenen Zusammenhang gab. Origenes schreibt in seinem Werk «Über die Ursachen»: «Man darf nicht glauben, es sei Zufall, daß einem bestimmten Engel ein bestimmtes Amt zugewiesen wird, z. B. Raphael die Aufgabe zu pflegen und zu heilen, Gabriel die Kriege zu lenken, Michael sich der Gebete und Bitten der Menschen anzunehmen.»[61] Anschließend klingt auch bei

Origenes die Möglichkeit geistiger Entwicklung als Übergang von einer hierarchischen Stufe in die andere an: «Damals ist dann in der Ordnung der Erzengel dem einen diese, dem andere jene Art Amt übertragen worden, andere waren würdig, in die Ordnung der Engel eingereiht zu werden und unter diesem oder jenem Erzengel oder unter jenem Führer und Oberen (princeps!) seines eigenen Ranges tätig zu sein.»[62] Die Aufgabe Michaels, «sich der Gebete und Bitten der Menschen anzunehmen», weist auf eine Beziehung Michaels zur geistigen Individualität des Menschen – denn im Unterschied zur Aufgabe des Pflegens und Heilens (Raphael) und der Kriegführung (Gabriel) ist hier eine Bezugnahme auf die individuelle Persönlichkeit des Menschen vorausgesetzt. Zugleich kommt zum Ausdruck, daß je nach Entwicklungshöhe und Entwicklungsgang im geistigen Bereich Veränderungen stattfinden können, die auch über die Grenzen der einzelnen hierarchischen Ordnungen hinausgehen.

Noch deutlicher erscheint der Zusammenhang von geistiger Entwicklung, Michael und geistiger Individualität des Menschen in Origenes' Auslegung des Matthäus-Evangeliums. Zu Beginn des 19. Kapitels des Matthäus-Evangeliums wird die Frage der Ehescheidung behandelt; Origenes schreibt zur Erläuterung: «Man könnte aber fragen, ob die menschliche Seele im übertragenen Sinn Frau und der Engel, der ihr vorsteht und über sie herrscht ..., Mann genannt werden kann, so daß dementsprechend jeder (Engel) gesetzlich zusammenwohnt mit der Seele, welche der Leitung durch den göttlichen Engel würdig ist. Es mag aber irgendwann nach längerem Umgang und Zusammenwohnen sich in der Seele als Grund dafür, daß sie ‹keine Gnade mehr findet in den Augen› des Engels, der Herr und Meister über sie ist, sich ‹an ihr etwas Häßliches› finden, und dann mag ... ein Scheidebrief geschrieben und der Verstoßenen ‹in die Hände› gegeben werden, so daß nicht mehr Hausgenossin ihres früheren Beschützers diejenige ist, die ‹aus seinem Haus› hinausgeschickt wurde. Es könnte dann die aus dem früheren Haus Weggegangene wohl einem anderen Mann angehören und bei ihm unglücklich werden, und zwar nicht nur in der Weise, wie sie bei dem früheren ‹keine Gnade› fand, weil sich ‹an ihr etwas Häßliches fand›, sondern auch dadurch, daß sie von ihm gehaßt wird. Und dann könnte ihr wohl auch von dem zweiten ein Scheidebrief geschrieben und in ihre Hände gegeben werden ... . Ob aber im Leben der Engel mit dem Menschen ein Wandel eintreten kann, so daß von dieser Art gar (soviel es das Verhältnis zu uns angeht) ihr Tod wäre, das ist eine sehr kühne, aber doch wohl mögliche Frage. ... Wenn man aber mit einer gewissen Kühnheit ... dies bekräftigen soll, wird man anführen, was sich bei dem ‹Hirten›[63] über einige geschrieben findet, die zugleich mit dem Gläubigwerden dem Michael unterstellt werden, die aber durch ihren Hang zum Vergnügen von ihm abfallen und unter die Herrschaft des [Engels] der Weichlichkeit, dann des Straf- und schließlich des Bußengels geraten. Du siehst nämlich, daß die einmal der Weichlichkeit verfallene Frau oder Seele nicht mehr zu dem ersten Herrscher zurückkehrt, sondern auch nach der Bestrafung einem Geringeren als dem Michael unterstellt wird; geringer nämlich als jener [d. h. Michael] ist der [Engel] der Buße. Wir müssen also darauf achten, daß nicht in uns ‹etwas Häßliches› gefunden wird und wir dadurch keine Gnade mehr finden in den Augen des Mannes›, nämlich Christi oder des über uns gesetzten Engels. ...»[64]

Origenes beschreibt das Verhältnis des Schutzengels zur menschlichen Seele im Bilde der Beziehung von Mann und Frau. Dieses Verhältnis ist aber kein feststehendes, sondern es kann sich verändern, und zwar abhängig davon, wie die Seele sich verhält. Dann kann der Schutzengel die Seele gleichsam aus der Ehe entlassen, sie aus dem gemeinsamen Haus fortschicken; die Seele würde dann zu einem anderen Schutzengel kommen und auch bei ihm unglücklich werden. Daran knüpft Origenes die «sehr kühne, aber doch wohl mögliche Frage», ob durch eine solche Entwicklung auch das Schicksal des Engels beeinflußt werden kann – sogar so weitgehend, daß sie ihn im Hinblick auf seine Beziehung zum Menschen tödlich treffen könnte.

Nun schließt Origenes die interessante Bemerkung an, daß eine Seele, die einmal von ihrem Schutzengel verlassen wurde, zu diesem nicht wieder zurückkehren kann. Daran wird deutlich, daß geistige Entwicklung in keinem Fall frühere geistige Zustände und Situationen wieder einnehmen könnte; dies würde dem Prinzip geistiger Entwicklung widersprechen. Es folgt die Bemerkung, daß eine Seele «Michael unterstellt werden» könnte, wenn sie «gläubig» wird; offenbar wird Michael nicht von vornherein und natürlicherweise als Schutzengel wirken, sondern erst, wenn die Seele selbst zu ihrer geistigen Entwicklung beiträgt, also in der Sprache des älteren spirituellen Christentums «gläubig» wird.

Deutlich ist an dieser Stelle, daß Michael Aufgaben des Schutzengels übernehmen kann, sobald der Mensch in der Lage ist, geistige Eigentätigkeit zu vollziehen. Aber Michael wird nicht als Schutzengel weiterwirken, wenn der Mensch nicht die entsprechende innere Haltung beibehält. Dann verfällt der Mensch zunächst dem «Engel der Weichlichkeit», anschließend dem Strafengel und zuletzt dem Bußengel; hier klingt eine bestimmte Abfolge an. Die geistige Entwicklung des betreffenden Menschen führt ihn zu einem Engel, dem Bußengel, der «geringer» ist als Michael, und der Mensch kann nicht zu Michael zurückkehren. Es handelt sich insgesamt also um einen geistigen Abstieg, der sich vom Menschen aus betrachtet als Abfall von Michael, geistige Bestrafung, Buße und damit als eine neue geistige Ausrichtung darstellt, allerdings dann unter dem (wenn diese Formulierung erlaubt ist) michaelischen Niveau. Eine Seele, die bei der die Ausbildung geistiger Individualität Michaels Wirkungsbereich bereits erreicht hat und ihn wieder verläßt, muß an anderer Stelle ihren Entwicklungsweg wie von Neuem beginnen(«büßen»).

Bedeutsam ist in der Darstellung des Origenes, daß eine solche Ausrichtung des Menschen auf seinem Weg zur Ausbildung geistiger Individualität für den Schutzengel (und folglich auch für Michael) von schicksalhafter Auswirkung sein kann. Sobald der Mensch in der Lage ist, sich geistig in die hierarchischen Ordnungen hineinzuentwickeln, muß er Verantwortung übernehmen für die Wirkungen seines geistigen Verhaltens in den Wirklichkeitsbereich der höheren Hierarchien hinein.

Erkenntnis und Bewegung

So wirkt Michael in der menschlichen Geistesentwicklung. Alanus ab Insulis, Thomas von Aquin und Origenes haben auf die Bedeutung Michaels bei der Ausbildung geistiger Individualität wie von ferne hingewiesen. Damit haben sie eine Zukunft in der Beziehung Michaels zum Menschen umrißhaft dargestellt – eine Zukunft, der die Gegenwart inzwischen viele Jahrhunderte näher gekommen ist. Rudolf Steiner beschreibt in seinen sogenannten «Leitsatzbriefen» des Jahres 1924 die Bedeutung Michaels für die Geistesgeschichte der Menschheit.⁶⁵ Der Entwicklungsgang des Erzengels Michael ist dadurch gekennzeichnet, daß ihm die kosmische Intelligenz, die allumfassende Erkenntniskraft, die er verwaltete, allmählich entfällt. Etwa vom 9. Jahrhundert an ist die kosmische Intelligenz auf der Erde angekommen. Sie hat sich gleichsam aus dem Kosmos heraus auf die Erde zusammengezogen, ist jetzt beim Menschen angelangt. Der Mensch denkt und erkennt nun selbst; er empfängt seine Erkenntnisse nicht mehr als Inspirationen aus dem Bereich Michaels. Und denkend erlebt sich der Mensch auch als geistig selbsttätig, nicht mehr als gedankenempfangend. Michael kann gleichsam nicht länger «im Kopf» des Menschen wirken, denn dort ist der Mensch eigenständig.

Wo liegt nun die neue Michael-Tätigkeit? Von der Möglichkeit Michaels, im Menschen weiterzuwirken, hängt das zukünftige Schicksal der Erkenntniskraft ab. Denn mit der Eigenständigkeit des Menschen im Gedankenleben ist die Intelligenz auch ganz bestimmten Gefahren ausgesetzt, beispielsweise der falschen Intellektualisierung. – Michael beginnt jetzt, im Herzen des Menschen zu wirken. Bekannt ist die Formulierung Rudolf Steiners *«die Herzen beginnen, Gedanken zu haben»*. Michael «befreit die Gedanken aus dem Bereich des Kopfes; er macht ihnen den Weg zum Herzen frei». «Gedanken, die heute nach dem Erfassen des Geistigen trachten, müssen Herzen entstammen, die für Michael als den feurigen Gedankenfürsten des Weltalls schlagen.»⁶⁶

Der letzte Satz macht deutlich: Die geistesgeschichtlich neue Michael-Tätigkeit wirkt auf die Gedankenbildung im Menschen, die vom Herzen ausgeht. Die alte Michael-Tätigkeit bestand dagegen in der Gedankenbildung des «Kopfes». In diesem Sinne begegnet in der *Erkenntnis* ein geistesgeschichtliches *Vergangenheitselement* des Wirkens Michaels; denn Erkenntnis ist zunächst eine Tätigkeit des «Kopfes». Dagegen liegt das *Zukunftselement* der Michael-Wirksamkeit in der *Bewegung des Herzens;* unter dieser Bewegung soll hier verstanden werden, was als innere Bewegung des menschlichen Herzens oder Gemüts in die Gedankenbildung einfließt. Die ältere Tätigkeit Michaels, die Erkenntnis, hat zunächst einen ruhenden Charakter; demgegenüber besteht das Kennzeichen des neuen Michael-Wirkens in der (Gemüts-)Bewegung: die Herzen «schlagen». Die Erkenntnis des «Kopfes» *ruht*, die neue Art der Gedankenbildung aus dem Herzen ist durch Michael-Kraft *bewegt*. Diese Form der Bewegungskraft wirkt in der seelisch-geistigen Entwicklung des Menschen. An geistige Bewegung, nicht an Ortsbewegung ist auch zu denken, wenn Rudolf Steiner Michael als den Erzengel der Bewegungskraft beschreibt.[67]

Im Folgenden soll der Versuch unternommen werden, Rudolf Steiners Aussagen zur michaelischen Gedankenbildung im Herzen vor dem Hintergrund einer alten aristotelischen Überlieferung zu verstehen: der Auffassung des Herzens als des Zentralorgans der Bewegung. Dieses Verständnis des Herzens geht zurück auf die Schrift des Aristoteles «Über die Seele»; hier spricht Aristoteles davon, daß «die Seele der Sinneswesen durch zwei Fähigkeiten bestimmt ist, nämlich durch Unterscheidungsfähigkeit, die eine Folge des Denkens und der Sinneswahrnehmung ist, und durch die Fähigkeit der Bewegung im Raum».[68] Die menschliche Seele wird also als *Erkenntnis* («Unterscheidungsvermögen») und *Bewegung* charakterisiert. Diese Anschauung des Aristoteles ist im Mittelalter immer wieder aufgegriffen worden, beispielsweise im Werk des Thomas von Aquin. Um sie mit der Michael-Wirksamkeit im Menschen in Beziehung zu bringen, ist es notwendig, den Bewegungsbegriff über die Bewegung im Raum hinaus zu erweitern und eine seelisch-geistige Bewegung zu denken, die aus der *Freiheit* hervorgehen kann. Eine solche Erweiterung des Bewegungsbegriffs wird möglich, wenn man die beiden Elemente der aristotelischen Seelenlehre, *Erkenntnis* und *Bewegung*, in einem neuen Verhältnis sieht.

Erkenntnis und Zukunft

Im achten Kapitel des Johannes-Evangeliums stehen die bekannten Worte: «Ihr werdet die Wahrheit erkennen, und die Wahrheit wird Euch frei machen» (Vers 32). Christus spricht hier von einer *zweifachen Zukunft,* die er seinen Zuhörern verheißt. Zunächst sagt er: «Ihr werdet die Wahrheit erkennen», nämlich in einer nächsten Zukunft, wenn der Mensch Eigenständigkeit in der Erkenntnis erlangen wird. Es fällt nicht schwer, diesen ersten menschheitlichen Entwicklungsschritt mit der eingangs beschriebenen Ankunft kosmischer Intelligenz beim Menschen zu verbinden. Der Mensch wird «die Wahrheit erkennen», wenn er zur selbständigen Gedankenbildung gelangt. Diese Situation war für die Zeit, in der Christus die zitierten Worte sprach, zukünftig.

Aber Christus spricht noch von einer zweiten, also späteren Zukunft: «und die Wahrheit wird Euch frei machen». Dann wird die Wahrheit nicht nur erkannt, sondern sie bewirkt im Menschen Bewegung bzw. Entwicklung: sie macht ihn frei. So wird an dieser Stelle des Johannes-Evangeliums der Übergang der «Wahrheit» aus dem Bereich der Erkenntniskraft in denjenigen der Bewegungskraft angedeutet. Christi Hinweis auf die zweifache Zukunft der Erkenntnisentwicklung erlaubt damit auch eine Antwort auf die Frage, wie die neue Wirksamkeit Michaels in der Bewegung des Herzens genauer zu verstehen ist: gemeint ist die Erkenntnis, die «Wahrheit», die sich zur Freiheit verwandeln kann.

Christus spricht von einer Zukunft, in der der Mensch eigenständig die Wahrheit erkennen kann; dies ist eine Folge der älteren Michael-Tätigkeit. Dann weist er auf eine (aus damaliger Sicht) noch weiter entfernt liegende Zukunft, in der aus der Erkenntnis Freiheit wird; darin kann man eine Andeutung der neuen Michael-Tätigkeit sehen. Der Mensch erlangt *Freiheit durch Erkenntnis*. Menschenkundlich kann man diesen Zusammenhang folgendermaßen verstehen: Zunächst bildet der Mensch eine Ich-Tätigkeit aus, die Erkenntnis; in dem zweiten Schritt wirkt diese Ich-Tätigkeit dann auf den Astralleib. Das Ich, das eigenständig Erkenntnisse gewinnt, ist frei, es braucht nicht befreit zu werden. Frei werden kann nur der menschliche Astralleib, der eingebunden ist in Vorlieben, Dispositionen, Gegebenheiten der biographischen Vergangenheit und Triebe – hier liegt der Bereich, der vom Ich her durch «Wahrheit» befreit werden kann. Durch Erkenntnis, eine Ich-Tätigkeit, soll der Astralleib umgewandelt werden: eine solche Wirkung des Ich wird geisteswissenschaftlich als *Ausbildung von Geistselbst* bezeichnet (vgl. Kapitel I des vorliegenden Buches).

Wie ist nun der Übergang von der Erkenntnis zur Freiheit möglich, wie kann man sich den Schritt von der Ich-Tätigkeit im Erkennen zur Ausbildung von Geistselbst vorstellen? In einer Antwort auf diese Frage wäre zugleich auch die Entwicklung der älteren zur neuen Michael-Wirksamkeit angesprochen.

Im ersten Korinther-Brief findet sich folgende Formulierung des Apostels Paulus: «Alle haben wir Erkenntnis. Die Erkenntnis allein bläht auf, die Liebe dagegen erbaut. Wenn jemand meint, etwas erkannt zu haben, so hat er noch nicht erkannt, *wie man erkennen muß*» (8, 1 f). Der letzte Satz wurde in der theologischen Auslegungsgeschichte dieser Stelle sehr wenig beachtet; doch ist er für ein Verständnis entscheidend. «Alle haben wir Erkenntnis» – die Erkenntnis allein ist also nichts besonderes. Vielmehr kommt es darauf an, zugleich mit der Erkenntnis auch zu erkennen, «wie man erkennen muß», d. h. ein Bewußtsein davon zu erlangen, worin die *Erkenntnistätigkeit* besteht. Damit ist der Übergang von der ergebnishaft auf das Wissen orientierten Erkenntnis zur Beachtung der Erkenntnistätigkeit angesprochen.

Es kommt nicht allein auf das Ergebnis der Erkenntnis an, sondern auf den Prozeß, in dem sie gewonnen wird. Eine solche Aufmerksamkeit für das «Wie» des Erkennens wird von Paulus mit der Liebe in Zusammenhang gesehen («die Liebe dagegen erbaut»). Das geforderte Verständnis der Erkenntnis selbst kann als ein Hinweis auf den Übergang von der Erkenntnis als Ich-Tätigkeit zur Geistselbstbildung aufgefaßt werden. Dieser Übergang findet statt, wenn es nicht mehr allein darum geht, Erkenntnisse zu gewinnen, sondern die Grundlage für alle Erkenntnis zu erarbeiten, nämlich die Erkenntnistätigkeit, das Denken selbst zu verstehen. Hier kann der erste Schritt von der Erkenntnis zur Bewegung, von der Wahrheit zur Freiheit angesiedelt werden; von diesem Punkt an wirkt Erkenntnis verwandelnd auf den Astralleib.

Damit spricht Paulus an dieser Stelle indirekt die Beziehung von Erkenntnis und Moral an. Denn der Zusammenhang von Erkenntnis und Moral besagt ursprünglich nicht, daß man aus Erkenntnis ein moralischer Mensch wird; auch ist nicht gemeint, daß man erst ein guter Mensch werden muß, um Erkenntnisse gewinnen zu können. «Moral» bedeutet in diesem Zusammenhang, daß aus der Erkenntnistätigkeit eine Veränderung des Menschen hervorgeht.[69] Erkenntnis, die nicht ergebnishaft bleibt, sondern sich auf den Erkenntnisvorgang selbst richtet, bringt seelisch-geistige Bewegung hervor und wirkt verwandelnd. Sie ist der Übergang von einer Ich-Tätigkeit zur Geistselbstbildung[70] (oder mit anderen Worten: zur Befreiung des Astralleibes). So wird Erkenntnis «moralisch» und überwindet die Ohnmacht des Denkens. Erkenntnis bleibt nicht mehr «unpraktisch», sondern sie wirkt *durch sich selbst* auf das Leben verwandelnd.

Freiheit und Leben

Die neue Michael-Wirksamkeit reicht aber noch weiter. Denn die Verwandlung oder Befreiung des Astralleibes hat auch Auswirkungen auf den Ätherleib des Menschen. Indem der Mensch durch Ich-Tätigkeit den Astralleib zum Geistselbst verwandelt, wirkt er auch auf seinen Ätherleib. Der Ätherleib ist der eigentliche Bereich der Michael-Tätigkeit. Erzengelwirksamkeit hat eine enge Beziehung zum Ätherleib, während Engelwirken eher auf den Astralleib bezogen ist. Wenn davon die Rede ist, daß Erkenntnis auf das Leben verwandelnd wirkt, so ist im engeren Sinne die Wirkung der Erkenntnis auf den Ätherleib, den Träger der Lebensvorgänge, gemeint. Der Einfluß der Erkenntnis, der «Wahrheit» auf den Ätherleib und damit auf die Lebensprozesse kann aber als *Heilung* gelten. Heilungsprozesse stehen im Zusammenhang mit der ätherischen Organisation, und wenn der Mensch durch seine Erkenntnis auf den Ätherleib wirken kann, so wird «Wahrheit» zur Heilung.

Hier ergibt sich ein neuer Begriff von Heilungs- oder

Lebensprozessen: sie sind durch die Erkenntnistätigkeit über die Verwandlung des Astralleibes mittelbar zu beeinflussen; der Mensch lebt nicht nur in diesen Vorgängen, sondern er kann auf sie einwirken, wenn Wahrheit zu Freiheit wird. Dann ist Heilung nicht unmittelbar, sondern mittelbar durch Erkenntnis möglich – ein weiterer Schritt zu dem Verständnis der Aussage «die Wahrheit wird euch frei machen».

Im Michael-Zeitalter können sich Erkenntnis und Leben im Menschen verbinden. So heißt es in einem weiteren Leitsatzbrief Rudolf Steiners: «Michaels Sendung ist, in der Menschen Äther-Leiber die Kräfte zu bringen, durch die die Gedanken-Schatten wieder Leben gewinnen».[71] Man kann in dieser Aussage auch die Beziehung des Erzengels Michael zu dem Erzengel Raphael angedeutet finden, wie sie in dem Vortrag vom 13. Oktober 1923 dargestellt wird[67]: den Zusammenhang der Bewegungskraft Michaels mit der Heilungskraft Raphaels. Rudolf Steiner beschreibt in diesem Vortrag, wie Michael und Raphael stets zusammenwirken. Im Sinne der obigen Überlegungen kann man hinzufügen: Die neue Michael-Wirksamkeit, die von der Kopfregion in die Bewegung des Herzens übergegangen ist, reicht hinein bis in den Bereich Raphaels, bis in die Heilung des ganzen Menschen. Dieser umfassende Heilungsprozeß beginnt an der Stelle, an der nicht nur das Ergebnis der Erkenntnis, das Wissen gilt, sondern die Erkenntnistätigkeit selbst auf den Menschen verwandelnd wirkt. Hier bildet der Mensch, ausgehend von der Erkenntnis, eine *Formkraft* in sich aus, die zunächst verwandelnd auf den Astralleib wirkt, schließlich aber auch bis in die ätherischen oder Lebensvorgänge hineinreicht. Die Formkraft bei der Ausbildung von Geistselbst wirkt lebensspendend (zu dieser «Form» vgl. oben die Ausführungen zu den «Geistern der Form», S. 75-82).

Übergang in den Bereich der Elemente

Von Alanus ist eine Predigt mit dem Titel «Über die Trinität» (De trinitate) überliefert. In ihr spricht Alanus von «Zeugnissen» der göttlichen Trinität (Vater, Sohn, Geist) in verschiedenen Wirklichkeitsbereichen: im Himmel und in der Hölle, im menschlichen Leib und in der Seele, aber auch in den Elementen Luft, Wasser und Erde.[72] Im folgenden soll der Übergang in den Elementarbereich der Luft genauer betrachtet werden; denn hier zeigt sich ein wichtiger Aspekt für die Zukunft der Entwicklung von Geistselbst und damit auch des Michael-Wirkens.

Alanus führt aus: «Auch in der Luft sind drei ..., die Zeugnisse ablegen von der Trinität. In der Luft ist die *lebendigmachende Kraft* (vis viuificatiua), denn die Luft ist das Organ des Lebens. In der Luft ist die *hörbare Kraft* (vis audibilis), denn die Luft ist das Instrument des Gehörs. In der Luft ist die *Kraft des Hauchens* (vis spirandi), denn die Luft ist in allem der Hauch der Seelenwesen. Die lebendigmachende Kraft kommt dem Vater zu, denn vom Vater ist alles, weil das Geschaffene in ihm Leben war.[73] Und wie der Vater Leben in sich selbst hat, so gab er auch dem Sohn, Leben in sich selbst zu haben.[74] Die hörbare Kraft kommt dem Sohn zu, weil derjenige das Wort und die Stimme des Vaters ist, der von sich sagt: Und die Rede, die ihr hört, ist nicht die meine, sondern desjenigen, der mich gesandt hat, des Vaters.[75] Die hauchende Kraft kommt dem heiligen Geist zu, weil der Geist [bzw. Wind: spiritus] weht, wo er will, und vom Vater und vom Sohn ausgehaucht [geweht: spirare] wird.»[76]

Die «Kraft des Hauchens», die Alanus auf den heiligen Geist bezieht, kann als die *Bewegungskraft* der Luft angesehen werden: der Hauch (spiraculum) oder der Geist bzw.

Wind (spiritus) «weht, wo er will». Die «hörbare Kraft» des Alanus kann auch als Ton- oder Sprachkraft bezeichnet werden, denn diejenige Kraft, die für das Gehör wahrnehmbar wird, ist die Kraft des Tons und der Sprache. So verbindet Alanus hier für das Element der Luft drei Kräfte: die Lebenskraft, die Ton- oder Sprachkraft und die Bewegungskraft. Daß dabei die «hörbare Kraft» auf die Sprache weist, wird auch durch ihre Beziehung auf den Sohn Gottes deutlich, der als Wort und Stimme (also als Sprache) des Vaters bezeichnet wird. «Organ des Lebens» (organum vite) ist die Luft, weil die Seelenwesen leben, indem sie atmen; «Instrument des Gehörs» (instrumentum auditus) ist die Luft, weil sich Ton und Sprache durch die Luft vermitteln. Schließlich ist die Luft auch Hauch oder Windbewegung, denn es entstehen beispielsweise Witterungsveränderungen durch Luftbewegung. So kann in der Denktradition des Mittelalters der Luft auch im übertragenen Sinne Bewegungskraft zugeschrieben werden, etwa als diejenige Bewegung oder Entwicklung, die die Kraft des Wortes im Menschen auslösen kann.

Es fällt auf, daß die Lebens- und Bewegungskraft des Luftelements die oben besprochenen entscheidenden Merkmale der neuen Michael-Wirklichkeit widerspiegeln: Bewegung und Leben. Jetzt kommt zu Bewegung und Leben allerdings noch die Sprache hinzu; betrachtet man Lebenskraft, Sprachkraft und Bewegungskraft zusammen, so ist eine weitere Antwort auf die Frage möglich, wie Erkenntnis zum Leben führen bzw. Wahrheit zu Freiheit werden kann. Die Wahrheit, die der Mensch ausspricht, ist in der Lage, seelisch-geistige Bewegung zu bewirken; durch die Sprache wirkt erkannte Wahrheit als Bewegungskraft. So kann das Wort, das aus Erkenntnis hervorgeht, zur Befreiung werden.

Und noch in einem anderen Sinne wirkt die Erkenntnis der Wahrheit in der Luft: Die individuell angeeignete Wahrheit verändert die Sprache des Menschen; wer eine innere Beziehung zur Erkenntnis besitzt, spricht anders als jemand, für den «Wahrheit» abstrakt bleibt und nicht zur inneren Erfahrung wird. Auf längere Zeit wirkt jede ernsthafte Erkenntnishaltung sprachverändernd: das ausgesprochene Wort verbindet sich stärker mit dem sprechenden Menschen, es individualisiert sich in dem Maße, in dem der betreffende Mensch eine innere Beziehung zu seiner Erkenntnis findet. Mit der Sprache aber bringt der Mensch Luftveränderungen hervor. Indem das Wort ausgesprochen und damit zu Stimme oder Laut wird, verändert sich die den Menschen umgebende Luft. Mit dem Wort, das als individualisierter Begriff aus innerer Verbindung mit der Wahrheit gesprochen werden kann, wird eine andere Luftgestaltung hervorgebracht als mit einem gleichgültig ausgesprochenen Wort. Die Beziehung, die der Mensch zu seiner Erkenntnis und damit zur Sprache besitzt, wird in der Luftgestaltung, die er mit dem ausgesprochenen Wort hervorbringt, zu einer Wirklichkeit im Elementarbereich. Durch Vermittlung der Sprache realisiert sich die Erkenntnis des Menschen im Luftelement, sofern Erkenntnis (allmählich, nicht sofort) sprachverändernd wirkt; Erkenntnis nimmt also eine Wirklichkeit an, die über den rein mentalen Bereich hinausgeht. Mit dem ausgesprochenen Wort geht Erkenntnis der Wahrheit in eine elementare Wirklichkeit über; in der individuellen Luftgestaltung durch Sprache nimmt das Luftelement auf, wie der betreffende Mensch in seiner Geisteshaltung zur Wahrheit steht. Eine seelisch-geistige Wirklichkeit wird in der Luft zu einer Weltrealität im Elementarbereich.

Gewinnt man einen Begriff von einer solchen Realitätswirkung der Erkenntnis, so fällt es auch nicht mehr schwer, eine weitere Wirkungsstufe vorzustellen. Erkenntnis der Wahrheit kann sich nicht nur als Sprachkraft in dem dargestellten Sinne, sondern auch als Lebenskraft äußern; denn die Geisteshaltung, die sich aus einer inneren Beziehung zur Wahrheit ergibt, wirkt nicht nur im ausgesprochenen *Wort*, sondern auch in der *Atmung* des Menschen luftgestaltend. Denn die Atmung als Trägerin der Lebensvorgänge kann sich langfristig durch die Geisteshaltung aus Erkenntnis ändern. Damit erhält Erkenntnis unmittelbare Wirkung auf das Leben, als dessen «Organ» Alanus in der Schrift über die Trinität die Luft bezeichnet.

Insgesamt wird die Erkenntnis, die in der Geistselbstbildung Bewegung bzw. Freiheit hervorbringt und als lebendigmachende Kraft wirkt, durch die Luftgestaltung zu einer Weltwirklichkeit, d. h. zu einer «objektiven» und «äußeren» Realität, die der Mensch durch individuelle seelisch-geistige Entwicklung erschafft. Erkenntnisentwicklung erhält im Element der Luft auf diese Weise Weltbedeutung. Im Luftelement wird die Geistesentwicklung des Menschen in einem ersten Schritt wirklichkeitsschaffend. Damit ist eine Gegenwarts- und Zukunftsperspektive des Wirkens Michaels in der Menschheitsentwicklung angesprochen. Die Gedankenbildung im Menschen, die vom Herzen ausgeht und so befreiend wirkt, erhält auch eine äußere Wirklichkeit. Mit Michael wird der Mensch in seiner eigenen Geistesentwicklung weltschaffend.

AUSBLICK:
PLATONISMUS, ARISTOTELISMUS
UND DIE AUFGABEN
DER ANTHROPOSOPHIE

Ein Verständnis der Beziehung von Platonismus und Aristotelismus überschreitet weit den Horizont einer philosophiehistorischen Fragestellung: die Stellung der Anthroposophie in der Geistesgeschichte wird nur verständlich, wenn man sie vor den Hintergrund der Entwicklung von platonischem und aristotelischem Denken sehen kann. Entscheidend ist dabei, daß sich aus einer solchen Betrachtung auch Perspektiven für die Aufgaben der Anthroposophie in Gegenwart und Zukunft ergeben können.

Aber noch in anderer Hinsicht weist das Thema über die engen Grenzen philosophiehistorischer Strömungen hinaus: hinter den Begriffen «platonisch» und «aristotelisch» verbergen sich zwei menschliche Lebenshaltungen, nicht nur wissenschaftliche Ausrichtungen. Diese Lebensorientierungen zeigen sich beim Menschen als geistige Anlagen, als Grundmuster seines Verhältnisses zur Welt und als Grundlagen des Denkens. In diesem Sinne betrachtet man mit Platonismus und Aristotelismus zwei Hauptströmungen der Menschheitsentwicklung.

Alanus und Thomas von Aquin

Rudolf Steiner hat beide Strömungen besonders eindringlich in den sogenannten Karma-Vorträgen des Jahres 1924 dargestellt.[77] Hier fällt auf, daß Platonismus und Aristotelismus gerade in ihrer *mittelalterlichen* Gestalt für die Entwicklung der Anthroposophie von Bedeutung sind. Die Schule von Chartres war von platonischer Geistesausrichtung geprägt. Besonders hebt Rudolf Steiner hier Alanus ab Insulis hervor, der bis zum Beginn des 13. Jahrhunderts lebte. Im weiteren Verlauf des 13. Jahrhunderts wurde der Dominikaner-Orden gegründet; zu ihm gehörte Thomas von Aquin (1225-1274). Innerhalb des Dominikaner-Ordens und insbesondere durch Thomas von Aquin wurde der Aristotelismus in seiner entscheidenden christlichen Gestalt ausgebildet. In gewisser Perspektive hinterlassen einige der Karma-Vorträge Rudolf Steiners den Eindruck, als sei die Bedeutung von Platonismus und Aristotelismus für die Anthroposophie vor allem an den Gestalten des Alanus und des Thomas zu beobachten. In dieser Einstellung sollen abschließend einige Linien der vorangegangenen Kapitel und vor allem der «Einführung» weiter ausgezogen werden.

Alanus ab Insulis sprach in seiner Schrift «Quoniam homines» von einer Wissenschaft, die sich in der Zukunft entwickeln werde.[78] Diese Wissenschaft werde den Glauben überflüssig machen und den Menschen sichere Erkenntnis bringen. Dann komme die rätselhafte und bildhafte, letztlich also vorläufige Erkenntnis des Menschen endlich zu Ende. – Alanus deutet hier gegen Ende des 12. Jahrhunderts darauf hin, daß Wissenschaft die Spiritualität innerhalb der christlichen Entwicklung ersetzen werde. Denn «Glaube» hatte damals eine andere Bedeutung als heute: der Begriff bezeichnete das spirituelle Verhältnis des Menschen zur Welt; dieses also sollte durch eine wissenschaftliche Haltung abgelöst werden.

Tatsächlich begann wenige Jahrzehnte später die Ausbildung einer solchen «Wissenschaft». Allerdings vollzog sie sich nicht innerhalb der platonischen Geistesströmung, der Alanus angehörte, sondern im aristotelischen Denken der Dominikaner. Thomas von Aquin entwickelte die Grundlage einer «Wissenschaft von der Seele». Dabei knüpfte er an die Schrift des Aristoteles «Über die Seele» an und machte deutlich, daß eine solche «Wissenschaft von der Seele» Voraussetzung der Erkenntnis von höheren Geistwesen ist.[79] Durch die «Wissenschaft von der Seele» erlangt der Mensch allmählich eine *geistige* Selbsterkenntnis. Indem er sich selbst in seiner Seele als geistiges Wesen erkennt, schult er in seinem Denken die Fähigkeit, auch hierarchische Geistwesen über ihm zu erkennen. Ein anderer Weg zur Erkenntnis geistiger Wirklichkeit ist dem Menschen nicht mehr gegeben – er benötigt Wissenschaft als geistige Selbsterkenntnis, um die geistige Wirklichkeit der Hierarchien begreifen zu können.

Dies blieb jedoch ein Ansatz der neuen wissenschaftlichen Orientierung, der sich schon im Mittelalter nicht weiterentwickelte. Zur Geltung kam dagegen eine Form der Wissenschaftlichkeit, die nicht an die Stelle der Spiritualität trat, sondern sie lediglich verdrängte. Wir stehen heute am Ende einer über 700jährigen Geschichte des christlichen Aristotelismus; in ihr ist in gewisser Weise geschehen, was Alanus für die Zukunft voraussah: Glaube bzw. Spiritualität sind zunehmend durch Wissenschaft ersetzt worden – allerdings ohne daß der Glaube durch Wissenschaft wirklich abgelöst werden konnte; er wurde lediglich ausgehöhlt. Die Wissenschaft wurde nicht als geistige Selbsterkenntnis der menschlichen Seele ausgebildet, sondern als vom Menschen isolierte Naturwissenschaft alleinherrschend. Am vorläufigen Ende dieser Entwicklung des christlichen Aristotelismus spricht Rudolf Steiner von der Aufgabe, die Wissenschaft zu spiritualisieren.[80] Im Sinne der Karma-Vorträge des Jahres 1924 soll sich die Spiritualisierung der Wissenschaft als die Verbindung von Aristotelismus und Platonismus in der anthroposophischen Geisteswissenschaft vollziehen. Damit ist die Aufgabe gestellt, die Einseitigkeiten des modernen Aristotelismus, wie sie etwa in der neueren naturwissenschaftlichen Entwicklung ihren Ausdruck gefunden haben, durch eine neue Denkorientierung auszugleichen.

Erkenntnis und Moral

Worin besteht nun eine solche Verbindung von Platonismus und Aristotelismus? Der Aristotelismus ist zu einer ausschließlichen *Erkenntnis der äußeren Welt* gelangt; der Platonismus steht geistesgeschichtlich für eine Seite der Erkenntnis, die Thomas, der Aristoteliker, ebenfalls deutlich fordert: für die *geistige Selbsterkenntnis des Menschen*. In der christlichen Überlieferung ist die Erkenntnis der äußeren Welt als «natura», die Selbsterkenntnis des Menschen im Geist als «das Wort» bezeichnet worden. In der Neuzeit spricht man eher von «Naturerkenntnis» einerseits und von «Ethik» oder «Moral» als der geistigen Selbstbestimmung des Menschen andererseits. Die Aufgabe der anthroposophischen Geisteswissenschaft würde nun darin bestehen, Aristotelismus und Platonismus als Einheit von «natura» und «Wort» bzw. von Erkenntnis und Moral zu verbinden.

Der Einheitspunkt von Erkenntnis und Moral wird in den Mysteriendramen Rudolf Steiners angedeutet, insbesondere durch die Gestalt des Doktor Strader. Er verkörpert die Erkenntniswirksamkeit der inneren Entwicklung des Menschen, so daß Straders biographische «Entwicklung» von seiner technischen «Entwicklung», also der Erfindung, die auch als «Strader-Mechanismus» bezeichnet wird, nicht zu trennen ist.[81] Hier deutet sich eine spiritualisierte Wissenschaft an, d. h. eine Erkenntnis, die die Einseitigkeit der vergangenen Wissenschaftsentwicklung vermeidet, andererseits aber nicht in die «wissenschaftsfreie» Spiritualität der Zeit des Alanus zurückstrebt. Damit kündigt sich die Form der Wissenschaft an, auf die Alanus ab Insulis wirklich hinblickte und die wenige Jahrzehnte später auch in der geistigen Suchbewegung des Thomas von Aquin lag, als er von der Selbsterkenntnis der menschlichen Seele sprach: gemeint war eine wissenschaftliche Lebenshaltung, die zu geistiger Schulung und Entwicklung des Menschen und dadurch «moralisch» wird. Andererseits ergeben sich aus der geistigen Schulung (Moralentwicklung) immer neue Erkenntnismöglichkeiten. So kündigt sich eine erkenntnisgetragene Form der Moralität an.

Diese Form geistiger Selbstbestimmung wird in der Welt schaffend werden; dann stehen sich nicht mehr der Bereich der (inneren) Moral und der (äußeren) Natur, sondern darüberhinaus auch äußere Wirklichkeiten gegenüber, die der Mensch durch seine Moralität selbst hervorgebracht hat. Es entwickeln sich neben der Natur zwei Wirklichkeitsbereiche: die *Übernatur* als Folgen ethisch verantworteten Erkennens und Handelns des Menschen, die *Unternatur* als Konsequenz verantwortungslosen Denkens und Tuns.[82] Die «alte» Natur steht dann zwischen Übernatur und Unternatur in der Mitte, und der Mensch wird im Äußeren anschauen können, wie er sich in der Vergangenheit moralisch entwickelt hat: ähnlich wie er die «alte» Natur außerhalb seiner selbst betrachten kann.

Im 9. Jahrhundert sprach der irisch-christliche Denker Johannes Scotus Eriugena wie im Bilde von dieser Entwicklung. In seiner «Einteilung der Natur» heißt es: «Wie nämlich, was wir oft hervorgehoben haben, *über alle natürlichen Kräfte hinaus* die Seligkeit der Gerechten durch die Gnade des Schöpfers erhöht werden wird, ebenso wird durch die Gerechtigkeit desselben Schöpfers die Strafe der Gottlosen *unter alle Natur herabgedrückt* werden.»[83] Eriugena bedient sich hier der Ausdrucksweise der christlichen Tradition. Versteht man seine Aussage vor dem Hintergrund der geschilderten Entwicklungsaufgabe, Erkenntnis und Moral zusammenzuführen, so wird sie sprechend. Nur wenn es gelingt, Erkenntnis und Moral zu verbinden, kann die Erhöhung «über alle natürlichen Kräfte hinaus», also die Entstehung der Übernatur stattfinden; andernfalls geschieht, was Eriugena als Absinken «unter alle Natur» bezeichnet: Es entsteht die Unternatur.

Hier deutet sich die geistesgeschichtliche Entwicklungsaufgabe der Anthroposophie an: die Verbindung von Moral und Erkenntnis bzw. von Platonismus und Aristotelismus in der Geisteswissenschaft. Diese Aufgabe stellte Rudolf Steiner für das Ende des 20. Jahrhunderts.

ANMERKUNGEN

Einführung

1 Alanus ab Insulis: *Summa Quoniam homines.* Ed. P. Glorieux. AHMA 28 (1953), S. 137. – Den Hinweis auf diese Stelle verdanke ich Frank Teichmann: *Die Trichotomie-Frage in der Schule von Chartres.* In: Die Drei, Beiheft 2 (November 1989), S. 9ff.

2 Zum Leben des Alanus und zu seiner Beziehung zur Schule von Chartres vgl. Frank Teichmann: *Der Mensch und sein Tempel. Chartres. Schule und Kathedrale.* Stuttgart 1991, S. 148ff. Weiter die Einführung von Marie-Thérèse d'Alverny: Alain de Lille: *Textes inédits. Avec une introduction sur sa vie et ses ouevres.* Paris 1965, S. 11 ff. In dieser Arbeit werden auch die Werke des Alanus zusammengestellt.

3 Rudolf Steiner: *Esoterische Betrachtungen karmischer Zusammenhänge* (Band 4), Vortrag vom 23. September 1924 (Gesamtausgabe Nr. 238, Dornach⁶ 1991).

4 Zur geisteswissenschaftlichen Bedeutung des Thomas von Aquin vgl. Wolf-Ulrich Klünker, Bruno Sandkühler: *Menschliche Seele und kosmischer Geist.* Stuttgart 1988. – Wolf-Ulrich Klünker: *Selbsterkenntnis der Seele. Zur Anthropologie des Thomas von Aquin.* Stuttgart 1990.

5 Alanus ab Insulis: Summa Quoniam homines (wie Anm. 1), S. 137.

6 Rudolf Steiner: Vortrag vom 23. September 1924 (wie Anm. 3).

7 Rudolf Steiner: *Individuelle Geistwesen und ihr Wirken in der Seele des Menschen,* Vortrag vom 25. November 1917 (Gesamtausgabe Nr. 178, Dornach⁴1993).

8 Rudolf Steiner: *Die geistige Führung des Menschen und der Menschheit. Geisteswissenschaftliche Ergebnisse über die Menschheits-Entwicklung.* Dritter Vortrag (8. Juni 1911; Gesamtausgabe Nr. 15).

1. Ausbildung von Geistselbst

9 ALANUS AB INSULIS: *Hierarchia Alani*. In: Alain de Lille: Textes inédits. Ed. Marie-Thérèse d'Alverny. Paris 1965, S. 228.
10 A.a.O.
11 A.a.O.
12 A.a.O.
13 ALANUS AB INSULIS: *In dominica palmarum*. In: Textes inédits (wie Anm. 9), S. 247. Deutsche Übersetzung: ALANUS DE INSULIS: *Palmsonntag-Predigt*. Lateinisch und deutsch mit dem Text der Lesung aus dem Matthäusevangelium. Michael-Bauer-Schule [Ed. Bruno Sandkühler], Stuttgart 1985 (Privatdruck ohne Seitenzählung).
14 A.a.O.
15 A.a.O.
16 A.a.O.
17 A.a.O., S. 248
18 Vgl. oben, S.17 ff.
19 ALANUS DE INSULIS: *Erkenne Dich selbst! Eine grundlegende Predigt lateinisch und deutsch erstmals gedruckt*. Michael-Bauer-Schule [Ed. Bruno Sandkühler], Stuttgart 1989 (Privatdruck), S. 3 bzw. 10.
20 A.a.O.
21 PLUTARCH: *Über das E in Delphi*. In: ders.: Über Gott und Vorsehung, Dämonen und Weissagung. Religionsphilosophische Schriften eingeleitet und neu übertragen von Konrad Ziegler. Zürich 1952, S. 51.
22 ALANUS DE INSULIS: *Erkenne Dich Selbst!* (Wie Anm. 20), S. 5 bzw. 12.
23 ALANUS AB INSULIS: *Summa Quoniam homines*. Ed. P. Glorieux. AHMA 28 (1953), S. 286.
24 A.a.O., S. 288.
25 A.a.O. Alanus fügt hier noch hinzu, daß der Schutzengel eines bestimmten Menschen auch andere Menschen zum Guten bewegen könne; mit diesem Hinweis ist allerdings über die Individualität der Schutzengel-Beziehung nichts ausgesagt.

26 RUDOLF STEINER: Vortrag vom 8. August 1924 in *Die karmischen Zusammenhänge der anthroposphischen Bewegung* (Gesamtausgabe Nr. 237, Dornach⁸1992).
27 A.a.O.
28 ALANUS DE INSULIS: *Weihnachts-Predigt*. Lateinisch und deutsch mit dem Text der Lesung aus dem Propheten Jesaja und dem Lukasevangelium. Michael-Bauer-Schule [Ed. Bruno Sandkühler], Stuttgart 1986 (Privatdruck ohne Seitenzählung).
29 A.a.O.
30 A.a.O.
31 Beispielsweise formuliert Thomas von Aquin in seiner «Summe der Theologie», nachdem er die Aussage des Augustinus «Der Glaube besteht im Willen des Glaubenden» zitiert hat: «Der Geist (intellectus) des Glaubenden stimmt dem Glaubensgegenstand zu ... auf Geheiß des Willens» (II/II,5,2).
32 ALANUS DE INSULIS: *Weihnachts-Predigt* (wie Anm. 28).
33 A.a.O.
34 A.a.O.
35 ALANUS DE INSULIS: *Advents-Predigt*. Lateinisch und deutsch mit dem Text der Lesung aus dem Römerbrief des Paulus. Michael-Bauer-Schule [Ed. Bruno Sandkühler], Stuttgart 1984 (Privatdruck ohne Seitenzählung).

II. Die Michael-Predigt

36 Der lateinische Text der Predigt ist der Ausgabe von Marie-Thérèse d'Alverny entnommen (vgl. die folgende Anm. 37).
37 Bei diesem Satz handelt es sich um ein Zitat aus einem Gesang zum Michael-Fest; vgl. Marie-Thérèse d'Alverny: ALAIN DE LILLE: *Textes inédits*. Paris 1965, S. 249, Anm. 1.
38 Vermutlich ein Wortspiel mit den Begriffen species – spes. Sie werden deshalb in der Übersetzung noch einmal genannt.
39 Vielleicht führt Alanus hier das Wortspiel mit den Begriffen specular – speculum fort.

40 THOMAS VON AQUIN: *Vom Wesen der Engel – De substantiis separatis seu de angelorum natura.* Übersetzung, Einführung und Erläuterungen von Wolf-Ulrich Klünker. Stuttgart 1989, S. 21.
41 Vgl. oben die Einführung, S. 7 f.
42 Vgl. oben Kap. I, S. 17 ff.
43 Vgl. Apostelgeschichte 17, 34.
44 GREGOR DER GROSSE: *Homiliarum in evangelia lib.* II., homil. XXXIV. In: Migne, Patrologia Latina 76, col. 1249 ff.
45 DIONYSIOS AREOPAGITA: *Über die himmlische Hierarchie. Über die kirchliche Hierarchie.* Eingeleitet, übersetzt und mit Anmerkungen versehen von Günter Heil. Stuttgart 1986.
46 THOMAS VON AQUIN: *Sentenzenkommentar* 49.2.1.
47 Vgl. oben Kap. I, S. 25.
48 JOHANNES SCOTUS ERIUGENA: *Über die Einteilung der Natur.* Übersetzt von Ludwig Noack. Hamburg 1870/74 (Reprint 1983), II., S. 390. Lateinischer Text: Migne, Patrologia Latina 122, col. 1005 D.
49 Ausführliche Darstellungen zu diesem Entwicklungsvorgang: WOLF-ULRICH KLÜNKER: *Johannes Scotus Eriugena. Denken im Gespräch mit dem Engel.* Stuttgart 1988, Kap. III und IV. – Ders.: *Die «Rückkehr der menschlichen Natur».* In: Konturen – Aus der Arbeit des Hardenberg Instituts, Bd. II. Heidelberg, 1991, S. 27 ff.
50 JOHANNES SCOTUS ERIUGENA: *Über die Einteilung der Natur* (wie Anm. 48), II. S. 250. Migne PL 122, col. 912 C.

III. Michael-Zukunft

51 ALANUS AB INSULIS: *Expositio prosae de angelis.* In: Marie-Thérèse d'Alverny: Alain de Lille: Textes inédits. Paris 1965, S. 213.
52 A.a.O.
53 A.a.O., S. 208.
54 A.a.O., S. 209.

55 Vgl. beispielsweise RUDOLF STEINER: *Die Geheimwissenschaft im Umriß*, 1910 (Gesamtausgabe Nr. 13, Dornach³⁰1989) Kap. Die Weltentwicklung und der Mensch. – Ders.: *Geistige Hierarchien und ihre Widerspiegelung in der physischen Welt. Tierkreis, Planeten, Kosmos*. Zehn Vorträge vom 12. bis 18. April 1909 (Gesamtausgabe Nr. 110, Dornach⁷1991). – Ders.: *Die geistigen Wesenheiten in den Himmelskörpern und Naturreichen*. Zehn Vorträge vom 3. bis 14. April 1912 (Gesamtausgabe Nr. 136, Dornach⁵1984).

56 Zu dem Aufstieg Michaels in die Ordnung der Archai (Geister der Persönlichkeit) vgl. etwa den Vortrag Rudolf Steiners vom 20. Mai 1913 in *Vorstufen zum Mysterium von Golgatha* (Gesamtausgabe Nr. 152, Dornach³1990); zur Beziehung von Geistern der Persönlichkeit und Geistern der Form z. B. die Vorträge vom 31. Dezember 1918 und vom 1. Januar 1919 in *Wie kann die Menschheit den Christus wiederfinden?* (Gesamtausgbe Nr. 187, Dornach³1979).

57 Vgl. oben Kap. I. S. 27 ff.

58 THOMAS VON AQUIN: *Summe der Theologie* I, 113,2.

59 A.a.O., 113,3.

60 A.a.O., 113, 3 ad 1.

61 ORIGENES: *Vier Bücher von den Prinzipien*. Herausgegeben, übersetzt mit kritischen und erläuternden Anmerkungen versehen von Herwig Görgemanns und Heinrich Karpp. 2. Aufl. Darmstadt 1985, S. 253 (I, 8,1).

62 A.a.O.

63 *Der Hirte des Hermas*, Sim. 8,3,3. Deutsche Übersetzung: Bibliothek der Kirchenväter, Bd. Die Schriften der apostolischen Väter. Übersetzung von J. Chr. Meyer. Kempten 1869, S. 253 ff.

64 ORIGENES: *Der Kommentar zum Evangelium nach Matthäus*. Eingeleitet, übersetzt und mit Anmerkungen versehen von Hermann J. Vogt, Bd. II. Stuttgart 1990, S. 61 f (XIV, 21). Schriftzitate: 5. Mose 24, 1 und 5.

65 RUDOLF STEINER: *Anthroposophische Leitsätze. Der Entwicklungsweg der Anthroposophie. Das Michael-Mysterium*, 1924/25 (Gesamtausgabe Nr. 26, Dornach⁹1989).

66 RUDOLF STEINER: *Im Anbruch des Michael-Zeitalters.* In: Anthroposophische Leitsätze (wie Anm. 65).
67 Vgl. etwa den Vortrag vom 13. Oktober 1923 in *Das Miterleben des Jahreslaufes in vier kosmischen Imaginationen* (Gesamtausgabe Nr. 229, Dornach⁷1989).
68 ARISTOTELES: *Über die Seele* III, 432 a.
69 Vgl. unten den Ausblick, S. 98 ff.
70 Vgl. oben Kap. I.
71 RUDOLF STEINER: *Der vor-michaelische und der Michaels-Weg.* In: Anthroposophische Leitsätze (wie Anm. 65).
72 Alanus erläutert in dieser Predigt eine Aussage des ersten Johannes-Briefes des Neuen Testaments, die in der überlieferten (jedoch heute philologisch umstrittenen) Textversion lautet: «Es sind drei, die Zeugnis ablegen im Himmel, der Vater, das [göttliche] Wort und der heilige Geist, und diese drei sind Eines. Und es sind drei, die auf der Erde Zeugnis ablegen, der Geist (spiritus), das Wasser und das Blut» (5, 7 f).
73 Vgl. Johannes 1,4.
74 Vgl. Johannes 14, 24.
75 Vgl. Johannes 3,8.
76 ALANUS AB INSULIS: *Sermo de trinitate.* In: Marie-Thérèse d'Alverny: Alain de Lille: Textes inédits. Paris 1965, S. 253.

Ausblick

77 Vgl. etwa die Arnheimer Vorträge vom 18. bis 20. Juli 1924 in *Esoterische Betrachtungen karmischer Zusammenhänge* (Gesamtausgabe Nr. 240, Dornach⁴1986); den Vortrag vom 13. Juli 1924 (Gesamtausgabe Nr. 237, wie Anm. 26); die Vorträge vom 12. und 14. September 1924 (Gesamtausgabe Nr. 238, wie Anm. 3). – In dem Vortrag vom 12. September 1924 findet sich folgende Aussage: «Die Schule von Chartres, sie ist eigentlich etwas ganz Wunderbares. Wenn man heute die Schriften in die Hand bekommt –, ich sagte schon, sie

nehmen sich aus wie Kataloge von Namen. Aber es war in der damaligen Zeit eben nicht üblich, in anderer Weise als in, ich möchte sagen, solch katalogisierender Art zu schreiben über dasjenige, was man in lebendiger Geistigkeit haben wollte. Derjenige aber, der solche Dinge lesen kann, der namentlich in der Anordnung der Dinge lesen kann, der nimmt schon wahr, wie dasjenige, was herrührt von den Lehrern der Schule von Chartres, von alter Spiritualität durchdrungen ist. Die tiefe Spiritualität der Schule wirkte aber nicht nur dadurch, daß gelehrt wurde und daß zahlreiche Schüler da waren, die wiederum hinaustrugen, was sie gelernt hatten, sondern sie wirkte direkt auf spirituelle Art. Sie wirkte so, daß auch in der geistigen Atmosphäre der Menschheit auf okkulte Weise dasjenige ausgestrahlt wurde, was an lebendiger Geistigkeit in Chartres lebte.»

78 Vgl. zum Folgenden oben die Einführung, S. 7.

79 Vgl. dazu THOMAS VON AQUIN: *Summe der Theologie* I, 88,1. – WOLF-ULRICH KLÜNKER: *Einführung zu Rudolf Steiner: Vom Wirken der Engel* (Themen aus dem Gesamtwerk 17). 2. Aufl. Stuttgart 1993.

80 Beispielsweise in dem Vortrag vom 25. November 1917 (Gesamtausgabe Nr. 178, wie Anm. 7) und in dem Autoreferat *Die geistige Führung des Menschen und der Menschheit*, 1911 (Gesamtausgabe Nr. 15, wie Anm. 8), 3. Vortrag.

81 RUDOLF STEINER: *Vier Mysteriendramen*, 1910-13 (Gesamtausgabe Nr. 14, Dornach⁴1981). – Ausführlicher zur Gestalt Straders: WOLF-ULRICH KLÜNKER: *Strader und sein Mechanismus*. In: Das Goetheanum 11/1993, S. 113 ff.

82 Vgl. RUDOLF STEINER: *Von der Natur zur Unter-Natur*. In: Anthroposophische Leitsätze, 1924/25 (Gesamtausgabe Nr. 26, wie Anm. 65).

83 JOHANNES SCOTUS ERIUGENA: *Über die Einteilung der Natur.* Übersetzt von Ludwig Noack. Hamburg 1870 (Reprint 1983), II, S. 306. Lateinischer Text: Migne, Patrologia Latina 122, col. 950 AB.

*Übersetzungen von Werken
des Thomas von Aquin*

Herausgegeben vom Friedrich-von-Hardenberg-Institut,
in Zusammenarbeit mit der Freien Hochschule für
Geisteswissenschaft, Goetheanum

Der Prolog des Johannes-Evangeliums

Super evangelium S. Joannis
Übersetzung, Einführung und Erläuterungen
von Wolf-Ulrich Klünker.
206 Seiten, Leinen.

Über die Einheit des Geistes

De unitate intellectus
Übersetzung, Einführung und Erläuterungen
von Wolf-Ulrich Klünker.
186 Seiten, Leinen.

Über die Trinität

De trinitate
Übersetzung und Erläuterungen von Hans Lentz.
Mit einer Einführung von Wolf-Ulrich Klünker.
302 Seiten, Leinen.

Vom Wesen der Engel

De substantiis separatis
Übersetzung, Einführung und Erläuterungen
von Wolf-Ulrich Klünker.
176 Seiten, Leinen.

VERLAG FREIES GEISTESLEBEN

Beiträge zur Bewußtseinsgeschichte
herausgegeben für das Friedrich-von-Hardenberg-Institut
von Karl-Martin Dietz

KARL-MARTIN DIETZ
Die Suche nach Wirklichkeit
Bewußtseinsfragen am Ende des 20. Jahrhunderts.
235 Seiten, gebunden.

KARL-MARTIN DIETZ
Metamorphosen des Geistes
Band 1:
Prometheus – vom göttlichen zum menschlichen Wissen.
260 Seiten, Leinen.

Band 2:
Das Erwachen des europäischen Denkens.
245 Seiten, Leinen.

Band 3:
Vom Logos zur Logik.
193 Seiten, Leinen.

WOLF-ULRICH KLÜNKER
Johannes Scotus Eriugena
Denken im Gespräch mit dem Engel.
Mit einer erstmaligen Übersetzung der Homelia
zum Prolog des Johannes-Evangeliums.
357 Seiten mit 13 Abbildungen, Leinen.

EDITION HARDENBERG
VERLAG FREIES GEISTESLEBEN

Beiträge zur Bewußtseinsgeschichte
herausgegeben für das Friedrich-von-Hardenberg-Institut
von Karl-Martin Dietz

WOLF-ULRICH KLÜNKER
BRUNO SANDKÜHLER
Menschliche Seele und kosmischer Geist
Siger von Brabant in der Auseinandersetzung
mit Thomas von Aquin.
144 Seiten, Leinen.

WOLF-ULRICH KLÜNKER
Selbsterkenntnis der Seele
Zur Anthropologie des Thomas von Aquin.
104 Seiten, gebunden.

ALBERT SCHMELZER
Die Dreigliederungsbewegung 1919
Rudolf Steiners Einsatz
für den Selbstverwaltungsimpuls.
312 Seiten, kartoniert.

MARTIN BASFELD
Erkenntnis des Geistes an der Materie
Der Entwicklungsursprung der Physik.
364 Seiten, kartoniert.

EDITION HARDENBERG
VERLAG FREIES GEISTESLEBEN

FRANK TEICHMANN
Die Kultur der Empfindungsseele
Ägypten – Texte und Bilder.
220 Seiten mit 32 Abbildungen, gebunden.

FRANK TEICHMANN
Die Kultur der Verstandesseele
Griechenland – Texte und Bilder.
188 Seiten mit 38 Abbildungen, gebunden.

MARTIN BASFELD / WOLF-ULRICH KLÜNKER
ANGELIKA SANDTMANN
Einsicht in Wiederverkörperung und Schicksal
166 Seiten, kartoniert.

Rudolf Steiners «Philosophie der Freiheit»
Eine Menschenkunde des höheren Selbst.

Herausgegeben von Karl-Martin Dietz
Mit Beiträgen von C. Lindenberg, M. Basfeld,
K.-M Dietz, C. Kracht, G. Röschert, F. Teichmann,
D. Rapp, W.-U. Klünker
ca. 230 Seiten, gebunden.

EDITION HARDENBERG
VERLAG FREIES GEISTESLEBEN